特別支援教育サポートBOOKS

通級担当1年目からの疑問にこたえる Q&A

調布市特別支援教育研究部会
山中 ともえ
編著

個別の指導計画

小集団の指導

保護者との面談

感覚統合

明治図書

はじめに

　通級による指導は，平成5年に小・中学校で制度化されて以来，平成18年に学習障害・注意欠陥多動性障害が新たな対象として加わり，平成29年度には通級による指導担当教員の基礎定数化がなされました。平成30年度からは高等学校においても通級による指導が制度化され，順次拡充されています。全国的には自閉症・情緒障害特別支援学級が増加しており，その成果も認められるところですが，通常の学級に在籍しながら障害の特性に応じた指導を受けられる通級による指導は，大変に期待されています。

　通常の学級に様々な子供が在籍していることは周知の事実ですが，その子供に対し，学級担任だけではなく，通級による指導の担当者がかかわりながら，健やかな成長を促していくことは，これからのインクルーシブ教育を進めていく上で非常に有効なことだと思います。

　現在，東京都では，通級による指導を子供が自分の在籍している学校で受けることができるよう，通級による指導の担当教員が巡回して指導する「特別支援教室」の形をとっています。平成30年度で既に，東京都全ての小学校で巡回での通級による指導が始まっており，続いて中学校も，平成33年度には全校で導入される計画となっています。このことにより，通級による指導を受ける児童生徒数は爆発的に増加しています。全国では，学校基本調査によると平成29年度には100,000人（全児童生徒の1.11％）を超え，この10年間で2.4倍に増加したのに対し，東京都では，平成30年度には23,000人を超え，この10年間で3.2倍に増加しました。やはり，自校で通級による指導を受けられるということのメリットが大きく影響しています。

　調布市では，東京都の動向を受け，平成24年度から通級による指導の巡回指導を段階的に実施し，平成28年度から市内全小学校で本格的に実施しています。この間，調布市教育委員会からの指導はもとより，市内の小学校長会あげての取組がありました。教育委員会からの明確な方針，通級指導教室を設置している学校の校長同士の連携，市内全小学校長の理解と協力等により

一歩ずつ進めてきました。巡回指導の試行を始めた平成24度には，通級による指導を受ける児童生徒が200人程でしたが，平成30年度には650人を超えています。調布市の小・中学生が約15,000人であることを考えると，かなりの割合の子供が通級による指導を受けていることがわかります。

　これだけ急激に指導する子供が増加するということは，その指導を担当する教員も増加するということで，平成30年度は，調布市で通級にかかわる教員も60人以上となっています。特別支援教育の専門性が高い教員ばかりが存在するわけではなく，新規採用の若手教員や通常の学級から異動してきた教員など様々であるのは他の地区でも同じだと思います。しかし，せめてせっかく配置された教員には，特別支援教育に携わる意欲と誇りをもってもらいたい，それが本書を執筆することになったきっかけです。通級による指導，特に発達障害のある子供への教育は，まだまだ歴史が浅く，確固たるものがないといえます。自立活動を主とした指導といっても，特別支援学校で行われている自立活動をそのまま導入すればよいわけではありません。また，医師や心理職の方々と同じことをするわけでもありません。通常の学級の担任と連携しながら，子供が自分の力を発揮し，生活しやすくするにはどうしたらよいのか，実践をまだまだ積み上げていく必要があります。

　調布市においても，通級による指導を担当する教員の研修の在り方や，教員同士のＯＪＴ，通常の学級における通級による指導の理解等，模索中です。それでも，通級による指導の成果が実感できるからこそ，担当している教員の取組は前進していると感じます。特別支援教育について，新学習指導要領の中では子供のマイナスな課題ばかりに目を向け改善を図ろうとするのではなく，プラス面である得意なことや好きなことを伸ばしていくという視点が明確に表れています。大きくいえば，通級による指導が発展していくことは，多様性を認める社会につながっていくことだと思います。

　全国で様々な工夫が実践され，各地で報告され，ますます通級による指導が充実していくことを期待して，今後も日々，実践を重ねていきます。

東京都調布市立飛田給小学校長　山中ともえ

CONTENTS

はじめに 02

アセスメント

Q1 子供の状態を把握するにはどのような方法がありますか？ 08
Q2 障害の特性による困難さとはどのような状態ですか？ 12

指導計画・方法・内容

Q3 個別の指導計画をどのように作成したらよいですか？ 14
Q4 指導内容をどのように精選するとよいですか？ 16
Q5 小集団の指導ではどのようなことを工夫していますか？ 18
Q6 小集団を編成する際にはどのような配慮が必要ですか？ 20
Q7 コミュニケーションの指導ではどのように
　　授業を組み立てるとよいですか？ 22
Q8 身体の動きを高める指導ではどのように
　　授業を組み立てるとよいですか？ 24
Q9 苦手さに応じて指導の参考になるものを教えてください 28
Q10 在籍学級を過ごしやすくするにはどのようにしたらよいですか？ 30
Q11 評価や指導の見直しはどのようにするとよいですか？ 32
Q12 学習障害傾向の子供にはどのような指導をするとよいですか？ 34
Q13 多動傾向の子供にはどのような指導をするとよいですか？ 37
Q14 不注意傾向の子供にはどのような指導をするとよいですか？ 40
Q15 選択性かん黙や不安傾向が強い子供には
　　どのような指導をするとよいですか？ 42

Q16　衝動性が強い子供にはどのような指導をするとよいですか？　44
Q17　身体の動きがぎこちない子供には
　　　どのような指導をするとよいですか？　46
Q18　自閉症傾向の子供にはどのような指導をするとよいですか？　48
Q19　中学校生活につなげるにあたってどのような配慮が必要ですか？　50

指導スキル

Q20　子供にはどのようなかかわり方をするとよいですか？　52
Q21　どのようなことに気を付けると
　　　子供を認めて伸ばす指導ができますか？　54
Q22　子供に指示を出すときにはどのようにするとよいですか？　56
Q23　通級指導について本人にどのように説明するとよいですか？　58
Q24　専門的な知識をどのようにして学んでいったらよいですか？　60

在籍学級との連携

Q25　どのタイミングで在籍学級の様子を見に行ったり，
　　　担任と話すとよいですか？　62
Q26　通級指導について在籍学級の子供に
　　　どのように説明するとよいですか？　64
Q27　通級指導の内容を在籍学級で生かすには
　　　どのようにしたらよいですか？　66
Q28　在籍学級・通級・保護者の連絡帳には
　　　どのようなことを書くとよいですか？　68

Q29　担任との面談ではどのようなことに配慮するとよいですか？　70
Q30　通級指導をすすめるにはどのようにしたらよいですか？　72
Q31　通級指導の終了はどのように考えたらよいですか？　74

保護者との連携

Q32　保護者との面談はどのように進めたらよいですか？　76
Q33　保護者の心情を理解するにはどのようにするとよいですか？　78
Q34　保護者に通級指導の内容をどのように説明するとよいですか？　80
Q35　保護者との信頼関係をどのように築くとよいですか？　82
Q36　保護者に子供の様子をどのように伝えるとよいですか？　84
Q37　保護者からの相談にはどのように対応するとよいですか？　86

専門家との連携

Q38　関係機関とどのように連携していくとよいですか？　88

用語ミニ解説

Q39　「感覚統合」とは何ですか？　90
Q40　「ビジョントレーニング」とは何ですか？　94
Q41　「ソーシャルスキルトレーニング」とは何ですか？　98

資料

1. 教育課程の届け出の例　104
    - －1　情緒障害　104
    - －2　自閉症　105
    - －3　学習障害　106
    - －4　注意欠陥多動性障害　107
2. 個別の指導計画の例　108
    - －1　情緒障害傾向　108
    - －2　自閉症傾向　109
    - －3　学習障害傾向　110
    - －4　注意欠陥多動性障害傾向　111
3. 自立活動の学習指導案の例　112
4. 授業評価シートの例　120
5. 教室案内の例　122
6. 通級指導教室ガイドラインの例　126
7. 時間割の例　130

おわりに　131

参考文献　133
執筆者紹介　134

Question 1　アセスメント

子供の状態を把握するにはどのような方法がありますか？

総合的な状態把握

　個別の指導計画を作成していくには，的確に状態を把握することが大切です。在籍学級での授業や休み時間の様子の把握，担任や保護者からの聞き取り，諸検査の結果等から総合的に状態を把握します。

保護者との面談

　通級指導開始の前に面談を設定し，指導についての説明をするとともに，保護者から次のことを聞き取ります。
・通級指導を申し込んだ経緯
・生育歴（これまでの育ちの様子や相談歴，就学前の教育歴など）
・家庭環境
・学校での生活の中で心配なこと
・家庭での生活の中で困っていること
・子供の得意なこと・苦手なこと
・通級指導に期待すること　　等

　子供の置かれている環境を整理し，主訴（困っていることや心配なこと，悩んでいること等）について聞き取り，指導の方向性を定めていきます。

担任との面談

　在籍学級での観察を元に，担任が把握している子供の様子を聞き取ります。観察では把握できなかった面を具体的に聞いたり，集団でのかかわりや学習の様子，得意なことや興味関心のあることなどを聞き取ったりします。

観察

在籍学級での授業や休み時間の様子については次の視点で把握します。

①**コミュニケーションの様子**
　意思伝達の仕方，休み時間の友達とのやりとり，担任とのやりとり

②**集団活動への参加の様子**
　授業中の様子，班活動の様子，当番活動への参加

③**学習活動の様子**
　課題の理解，視写の様子，発言の様子，指示理解，友達とのかかわり

④**運動機能**
　粗大運動，微細運動，用具の操作性

子供の状態を客観的に把握するための諸検査

検査は専門家が行いますが，検査の結果についての分析を指導に生かしていくことが大切です。次のような検査があります。

主な検査とその内容

検査名	内容	適用範囲
WISC-Ⅳ 知能検査（ウェクスラー式知能検査）	・全15の下位検査（基本検査：10，補助検査：5）で構成されており10の基本検査を実施することで5つの合成得点（全検査IQ，4つの指標得点（言語理解指標，知覚推理指標，ワーキングメモリー指標，処理速度指標））が算出される。	5歳0か月～16歳11か月
田中ビネー知能検査Ⅴ	・「思考」「言語」「記憶」「数量」「知覚」等の問題で構成されている。 ・アセスメントシートの活用により，発達年齢や認知特性が把握できる。 ・2歳～13歳は知能指数（IQ）と精神年齢（MA）が算出される。14歳以上は偏差知能指数（DIQ）で算出し，「結晶性領域」「流動性領域」「記憶領域」「論理推理領域」の4領域で表される。	2歳～成人
日本版 KABC-Ⅱ	・子供の知的活動を「認知処理過程（同時処理，継次処理）」と知識・技能の習得度の両方面から詳しく分析する検査。 ・子供の得意とする知的活動の特徴を総合的に評価し教育・指導に直結させることができる。	2歳6か月～18歳11か月
新版K式発達検査2001	・「姿勢・運動領域」「認知・適応領域」「言語・社会領域」の3領域で構成されている。 ・子供にとって遊びと感じられるような課題で構成されており，子供の自然な行動が観察できることが特徴。 ・机に向かって集中できる年齢に達していない子供にも実施することが可能。	0歳～成人
DTVP フロスティッグ	・保育所，幼稚園，小学校低学年の子供の視知覚上の問題点を発見し，適切な訓練を行うための検査。 ・5つの視知覚技能（視覚と運動の協応，図形と素地，	4歳～7歳11か月

視知覚発達検査	形の恒常性，空間における位置，空間関係）を測定する。	
ITPA言語学習能力診断検査	・言語学習に関する情報処理特性を把握できる。 ・聞いて，見て，理解できていること（受容過程），考えを言葉や動作で表すこと（表出過程），概念や言語を関連付けたり組織化したりすること（連合過程）等を評価する。	3歳～ 9歳11か月
LDI-R	・LD判断のための調査票。 ・基礎的学力（聞く，話す，読む，書く，計算する，推論する，英語，数学）と行動，社会性の計10領域で構成されている。 ・それぞれの領域における子どもの個人内差が視覚的に捉えられ，LDの有無について可能性が検討できる。	小学校1年 ～中学校3年
S-M社会生活能力検査第3版	・日頃の様子から社会生活能力の発達を捉える検査。 ・質問項目は発達年齢段階ごとに分かれていて，129項目で構成されている。 ・回答結果をもとに社会生活年齢（SA）と社会生活指数（SQ）が算出でき，社会生活能力の特徴を視覚的に捉えることができる。	乳幼児～ 中学生

アセスメント

Question 2 アセスメント

障害の特性による困難さとは
どのような状態ですか？

学習障害の傾向

聞く，話す，読む，書く，計算する，推論することの苦手さから，国語や算数などの教科学習に遅れが生じることがあります。

聞く	・特定の音を聞き間違えやすい。 ・文の一部だけを聞き取り，話全体の理解ができていない。
話す	・筋道立てた話が苦手。　・言葉をうまく思い出せない。
読む	・似た形の文字を混同して読み間違う。　・音読で読み飛ばしや文末の読み替えなどがある。　・文節を把握することが苦手。
書く	・文字の形を正しく捉えて記憶すること，覚えたことを書く動作につなげることの苦手さから，文字の大きさやバランスが整わない。
計算	・数量概念が未熟で，学年が上がっても指を使って計算する。 ・量感覚が育っていないため，時間の計算や単位の変換が苦手。
推論	・物事を抽象的，理論的に理解することの難しさから，推論を使う算数の文章題が苦手。求められていることが分からない。

不注意，衝動性・多動性の傾向

身の回りの特定のものに意識を集中させる脳の働きである注意力に様々な問題があり，衝動的で落ち着きのない行動により，生活上，様々な困難に直面している場合があります。

	・課題や遊びの活動で注意を集中し続けることが難しい。 ・面と向かって話しかけているのに，聞いていないように見える。

不注意	・指示に従えず，また仕事を最後までやり遂げられない。 ・学習などの課題や活動を順序立てて行うことが難しい。 ・学習や活動に必要な物をなくしてしまう。
衝動性	・質問が終わらないうちに出し抜けに答えてしまう。 ・順番を待つのが難しい。 ・他の人がしていることを遮ったり，邪魔したりする。
多動性	・手足をそわそわ動かしたり，着席していてももじもじしたりする。 ・授業中や座っているべきときに席を離れてしまう。 ・過度に走り回ったりよじ登ったりする。 ・過度にしゃべる。

自閉症の傾向

①他人との社会的関係の形成の困難さ，②言葉の発達の遅れ，③興味や関心が狭く特定のものにこだわる特徴から，学習内容の習得に困難さが生じることがあります。

社会的関係の形成	・自分の好きなことを質問し続ける。 ・一人遊びに没頭する。 ・かかわり方が一方的で，ルールに沿った遊びが難しい。 ・相手の気持ちを理解することが難しい。
言葉の発達の遅れ	・言語の理解や使用に発達の遅れが見られる。 ・普通の言葉遣いではない独特の言い方がある。
こだわり	・気になっていることへのこだわりがある。 ・日常生活で手順を定めるとその順番を変えられない。 ・環境の変化に適応できない。 ・学校の日課が急に変わると著しく動揺する。
その他	・感覚知覚の過敏性や鈍感性がある。

情緒障害の傾向（選択性かん黙）

家庭ではほとんど支障なく会話ができるものの，特定の場所や状況等において会話ができなくなることがあります。

・極度の緊張状態の可能性がある。
・学習活動に対して困っていることを伝えられない状態である可能性がある。

Question 3 指導計画・方法・内容

個別の指導計画を
どのように作成したらよいですか？

的確な状態把握

　一人一人の子供に合わせて指導するために，子供の実態を適切に把握し，特別支援学校学習指導要領の自立活動に記載されている内容を参考に作成します。子供の実態を把握するためには，在籍学級における学習や生活の様子の観察，担任や保護者からの聞き取り，諸検査の分析等，様々な観点から状態を把握していきます。苦手な課題や活動についてだけではなく，得意な活動や興味・関心のあること等も把握して，個別の指導計画を作成します。

個別の指導計画の内容

・子供や保護者の願いや期待等
・主訴
・長期目標（1年間程度のねらい）
・短期目標（1学期間程度のねらい）
・小集団指導や個別指導における具体的な指導目標
・指導内容・方法
・指導経過及び評価　　等

子供や保護者の願いや期待，主訴

　子供や保護者から，指導を開始する際の気持ちや子供自身がなりたい自分，通級指導に期待すること等を聞き取り，子供や保護者の気持ちを大切にして個別の指導計画を作成するようにします。また，子供・保護者・担任が学習上や生活上で最も困難を感じていることを主訴として整理します。

長期目標や短期目標

　状態を改善するために，把握したことを基に１年間程度の先を見通した長期的な目標や，それを達成することができるよう段階的に１学期間程度の短期的な目標を設定します。子供が意欲的に取り組めるよう，一人一人の発達段階に即した目標にします。

小集団指導や個別指導における具体的な指導目標

　短期目標の中で，それぞれの学習形態に応じて指導目標を設定します。例えば，小集団指導の目標，個別指導の目標をそれぞれ設定します。小集団指導の中でも，活動する内容によってコミュニケーションの学習と身体の動きに関する学習の目標を設定します。

指導内容・方法

　個別指導では，次のように指導する観点やカテゴリーをあらかじめ設定しておくことも考えられます。①在籍学級における生活の見通しや振り返り，②小集団指導の見通しや振り返り，③人とのかかわり方，④自己理解，⑤読んだり書いたりする力，⑥身体の動き，⑦身辺整理等です。
　指導目標を達成するために，これらの内容を子供の状態に合わせて選定します。指導の様子をイメージし，使用する教材教具等も含め，具体的な指導の手立てを示すとよいでしょう。

指導経過・評価

　指導と評価の一体化を図るため，個別の指導計画書の中に指導経過や評価を記入する欄を設けることもあります。日々の指導記録を基に，指導目標に対して子供の変容や達成度を適切に評価します。目標が達成できたのか，目標達成にもう少し時間が必要なのか，どのような手立てが効果的だったのか，具体的に明記します。

Question 4 指導計画・方法・内容

指導内容を
どのように精選するとよいですか？

子供本人・保護者・担任の話をよく聞く

　通級指導を受ける子供は，本人だけではなく，保護者や担任もそれぞれの立場で悩んでいます。

　子供本人は，自分はしっかりやっているつもりなのに「授業がつまらない」「勉強が覚えられない」「先生はいつもぼく（私）ばかり怒る」等と感じていることがあります。それに対して保護者は，「話をちゃんと聞いてくれない」「何回言っても同じ失敗をしてしまう」「じっとしていられない」「勉強をしない」「言うことをすぐに聞いてくれない」と思い，担任は「落ち着きがない」「友達とすぐにトラブルを起こす」「忘れ物が多い」と考え，三者が課題に感じていることがそれぞれ異なり，通級指導の担当者としては何を優先して指導するのか，指導内容を決めていくことが難しいことがあります。限られた通級指導の時間内で効果的な指導を行うには，指導内容を適切に選定することが大切です。

通級指導開始時の主訴を整理する

　通級指導開始時の保護者との面談では，保護者の話をよく聞くようにします。信頼関係を構築するためには，こちらから一方的に説明したり，否定的な話をしたりするのではなく，心情を理解するように努めます。保護者は何に困っているのか，通級指導に何を期待しているのかを十分に把握します。

　担任との面談では，普段から集団の中にいる子供の様子をよく見ているため，担任から見た課題を把握するようにし，子供の現在の状態のどのような点が改善されればよいと考えているかを聞き取ります。また，子供の得意な

ことや好きなこと等，個別の指導計画を作成する際に必要な情報を共有します。客観的に判断できる諸検査の結果等と照らし合わせ，在籍学級での様子を見たり，実際に指導を開始して子供本人と話をするなどし，何が改善されればよいのかを探っていくことが必要です。

指導内容を決める

　主訴を整理できたら，指導目標を考えていきます。まずは，おおよそ1年間程度を見通した長期的な指導目標を検討します。長期目標をさらに分化させ，1学期程度を見通した具体的な短期目標も検討します。例えば，長期目標として「①話を集中して聞くことができる，②自分の気持ちを知り感情をコントロールすることができる，③見通しをもち課題に最後まで取り組むことができる」を挙げたとすると，短期目標としては「①相手の話にうなずくことができる，②自分の気持ちを振り返ることができる，③活動に対する見通しがもてる」等が考えられます。

　指導目標を決めたら，その目標を達成するための具体的な指導内容を考えます。あれもやったほうがよい，これもやったほうがよいと，多くの指導内容が挙がってしまいますが，指導時間は限られています。整理した主訴や長期目標，短期目標を念頭に置き，指導内容の優先順位を決めて精選していくようにします。

指導内容を精選する

　指導内容を精選していくには，まずは在籍学級での課題を取り上げるようにします。通級指導を受ける子供は，在籍学級の学習や生活で何らかの不適応を感じていることが多いです。また，困難な状況から友達との関係がうまくいかず，自己肯定感が下がっていることもあります。これらの課題に対応する指導が必要です。そうした際には，子供の得意なことや好きなことを題材として指導内容に取り入れることが効果的です。様々な課題を抱えていますが，何が必要なのか，子供の意欲も大切にしながら指導内容を精選します。

Question 5 指導計画・方法・内容

小集団の指導では
どのようなことを工夫していますか？

コミュニケーション

コミュニケーションの指導は，自分の気持ちをコントロールすること，意思や感情を互いに伝え合う基礎能力を育むこと，自他の理解を深め対人関係を円滑にし，集団参加の基盤を培うことなどを目標にしています。

①環境調整

指導に集中しやすいように，なるべく刺激の少ない環境を確保します。座席の配置は集中しやすいように考えます。教室内の掲示物は少なくし，視覚的な刺激も減らすようにします。椅子や机の脚にテニスボールを付け，聴覚への刺激を軽減することなども有効です。

②板書

授業前に板書をし，子供が見通しをもって授業を受けられるようにします。どこまで見通しをもたせるかは子供や集団の実態に合わせて調整します。

例えば，学んだ社会性のスキルを使ってみる活動の内容（ボードゲームやカードゲーム等）を明示することにより，集中できる子供もいれば，逆に明示した活動の内容が気になってしまい集中できない子供もいます。子供の反応を教員が予想し，どこまで板書するかをよく考えます。また，板書の量が多いと子供が抵抗感をもつことにつながるので，量を調整します。

③寸劇

子供が自己の課題を捉えやすくするために，教員が課題となる場面を劇で演じて見せることがあります。寸劇のメリットとして，①子供が自己の課題を客観的に把握できる，②表情や動きがあり，視覚的に分かりやすい，③気になる場面で止めたり繰り返したりできる等が挙げられます。

また，①めあての確認，②寸劇による具体的な課題の提示，③コミュニケーションのスキルの学習，④学んだスキルをロールプレイやゲーム等の活動で実践，⑤振り返りといった学習活動の流れをつくります。

運動

　運動の指導では，身体の感覚を有効に活用し，周囲の状況を把握したり，環境と自己との関係を理解して行動できるようになることや，日常生活や作業に必要な基本動作を習得することを目標にしています。

①動きの細分化

　身体の動きがぎこちない子供に対して指導する場合に，一つの動きを分け，スモールステップで取り組めるようにして指導することがあります。細分化した動きができてから，他の動きと続けて行うようにします。

　例えば，長縄を跳ぶ動きでは，①はじめの位置，②縄に入るタイミング，③跳躍する場の確認，④跳躍場所までの移動の仕方，⑤跳躍するときの身体の向き・見る場所，⑥跳躍の仕方，⑦縄から抜けた後の移動場所，⑧縄から抜ける移動の仕方等を分けて指導していきます。

②視覚的な提示や評価

　運動の内容を板書し，見通しをもたせます。また，運動の内容ごとにポイントとなる動きを実際に見せることで明確にします。できた運動には丸を付けるなど肯定的な評価を視覚的に伝えます。子供が「できた！」と実感できるように運動のプログラムを考えます。

③安全面への配慮

　運動のスペースが限られている通級指導教室もあります。そのため，安全に運動できるように用具等を工夫します。

　例えば，投げる動きの練習を行うときにスポンジのようなボールを使用したり，手や肩の柔軟性を高めるための指導でボールの代わりに風船を使用する等です。狭い場所でも安全に指導が行えるよう，教材・教具にも配慮が必要です。

Question 6 指導計画・方法・内容

小集団を編成する際には
どのような配慮が必要ですか？

効果を高めるために小集団編成を工夫する

　通級指導では，指導形態として小集団や個別で指導を行います。特に，小集団指導は友達とのかかわりを学ぶ場となっています。小集団は，2人でのペア活動から7～8人の中集団まで様々な編成の工夫があります。

　2人でのペア活動は，他者の言動が刺激になり敏感に反応してしまう子供や，場を共有し他者意識をもたせたい子供，1対1の関係を丁寧に育ませたい子供等に対し，子供同士のやりとりを学ばせるのに効果的です。

　3～4人のグループ活動は，在籍学級でのグループ活動や簡単な話し合い活動を意識した学習が考えられます。ペア活動より複雑なやりとり（みんなに考えを聞く，確認する等）が必要となります。

　5人以上の小集団指導は，在籍学級を意識した発展課題に取り組む子供が対象となります。高学年の場合は中学校進学に向けて，また，通級指導の終了が近い場合は学級集団を意識して，言動を学んだり，他者の考えを取り入れるなどして自分の考えを広げることができます。

　小集団の人数は子供の実態や課題に応じて工夫していくことが大切です。

発達年齢を考慮する

　小集団を編成する際には，発達年齢が近い子供を同じグループにすることにより課題を合わせやすいというメリットが生まれます。低学年は具体物を使った活動，高学年はグループでの話し合い活動を行うなどです。また，発達年齢が近いと子供同士の自発的なかかわりが発展しやすいこともメリットの一つです。しかし，子供の状態によっては発達年齢が離れている方がよい

場合もあります。下級生と一緒の方がリーダーシップをみせるなど実力を発揮できる子供や,同学年の子供との関係に悩んでいる子供,また,同学年の子供とは会話が合わず上級生との関係の方が落ち着く子供などもおり,効果的な指導が行えるよう小集団のメンバーの発達年齢を考慮することが必要です。

■ 障害の特性や得意なことを考慮する

　一人一人の子供の障害の特性を考慮することは,小集団の指導を効果的に進めるために大切です。例えば,言語性の高い子供を同じ集団にすることで,他者の考えを聞いて自分の考えを広げたり,言葉のやりとりを楽しみながら他者理解や自己理解を深めたりすることができます。

　また,音への過敏性が高い子供は大きな音の刺激にこだわる子供と異なる集団にしたり,他者の言動などの刺激に反応しやすい子供は落ち着いた集団で本来もっている力を発揮しやすいようにしたりする等の配慮も大切です。

　気持ちの表出が苦手な子供同士を同じ集団にすることで,互いに自分のペースを保ちつつ,苦手なことにも挑戦しやすい場を設定することもできます。

　指導を担当する教員同士で子供の状態をよく把握し,指導の方向性を考慮しながら集団を編成するようにします。

小集団の編成の例

グループ①（3人の集団）	グループ②（4人の集団）
A児（1年）言語理解力はあるが,集中時間が短い。友達とかかわりたい。 B児（3年）じっとしていることは苦手だが,言語理解力は高い。 C児（4年）こだわりは強いが,下級生へ配慮する言動がみられる。 →言葉による理解が共有できる集団で,互いの考えを出し合ったり,社会性のスキルについて理解を深めたりすることができた。	D児（3年）言語理解,知覚推理が高い。発言の中心となることが多い。 E児（4年）緊張しやすいが,通級指導では自分の考えを伝えられる。 F児（4年）表情に乏しいが,言語理解力はあり,友達と穏やかに接する。 G児（5年）在籍学級ではあまり発言しないが,通級指導では自分の考えを伝えられる。 →今まで学んだ社会性のスキルを活用し,話し合い活動等を通して,友達と折り合ったり,相手の考えを受け入れたりする活動が効果的だった。

Question 7 指導計画・方法・内容

コミュニケーションの指導ではどのように授業を組み立てるとよいですか？

コミュニケーションの指導の例（年間指導計画）

　子供の状態を的確に把握し，長期的な視点で指導計画を作成することが大切です。通級指導として大まかな計画は作成しますが，子供の状態や在籍学級の様子，学校行事等によって，一人一人に合わせた指導計画に修正することも必要です。指導する内容の年間計画の例を紹介します（次頁の表）。

コミュニケーションの指導

　コミュニケーションの指導では，様々な活動を通して他者とのかかわりについて学びます。指導内容に合わせた寸劇や絵を見て他者の気持ちを考えたり，問題場面の対処方法を考えたりします。学んだことを実際に活用できるよう，担当者や友達とロールプレイをすることもあります。また，学んだことを活用し，実際に友達とかかわって遊んだり活動したりすることで，学んだことを生活に生かしていけるよう指導しています。

発達段階に応じた授業づくり

　低学年や他者とのかかわりが未熟な子供には，授業で取り扱う内容を簡単にすることや，絵カードの使用，授業の内容を絵に描いて提示するなどの工夫が必要です。
　高学年の子供には，興味関心に応じてより複雑な内容を取り入れることが求められます。生活で起こりそうな場面や，判断に困ってしまうような葛藤場面について考えたり，話し合い活動を通して他者の考えを聞いたりする活動を取り入れていきます。社会性のスキルが身に付いたところで，子供だけ

で活動ができるようにしていきます。また，コミュニケーションスキルの復習によりコミュニケーションの基本を押さえ，実際にロールプレイ等を用いて練習していくことで，学んだことを子供自身が生活場面に生かしていけるようにします。

年間指導計画の例

	指導する内容
4月	・上手な話の聞き方　・授業中の話し方，質問の仕方
5月	・上手な頼み方，断り方　・自分の感覚の気付き
6月	・自分の感情を表す言葉と表現　・人との協力
7月	・折り合い
8月 9月	・上手な話し方（５Ｗ１Ｈ　夏休みの話） ・勝ち負けの受け入れ
10月	・自分の気持ちの上手な伝え方 ・学校や授業でのルールの理解
11月	・他者の感情の理解 ・「あったか言葉」と「ちくちく言葉」，適切な応答の仕方
12月	・公共のマナーについての理解 ・上手な話し合いの仕方
1月	・上手な話し方（詳しく話そう　冬休みの話） ・自己コントロールの練習 ・不安や怒り，多動，衝動への対処
2月	・状況理解と適切な対応
3月	・分かりやすい伝え方 ・上手な会話の仕方 ・学んだコミュニケーションスキルの生かし方

指導計画・方法・内容

Question 8 指導計画・方法・内容

身体の動きを高める指導ではどのように授業を組み立てるとよいですか？

多動性や衝動性の傾向がある子供

①身体を止めようと思っても意思とは関係なく動いてしまう子供

　常に身体を動かしている傾向があり，気付かない間に座位や立位が大きく崩れ，活動を継続できなくなってしまうことがあります。

　このような子供には，姿勢の保持のチェックポイントを自分で確認できるような指導を行うことが有効です。

例：体幹を保持する運動（キッズ・ヨガ，腹筋・背筋，まっすぐ立つ），バランスを高める運動（バランスボール・クッション，押し相撲，平均台，線上歩行）

②注意が移りやすく多動性のある子供

　注意の持続の困難さに加えて目と手の協応動作や指先の細かい動き，身体を思った通り動かすこと等がうまくできないことがあります。

　このような子供には，身体をリラックスさせる運動やボディイメージを育てる指導を行うことが有効です。

例：身体の力を全部抜く，思いっきり力を入れるなど力を調整する運動

学習障害の傾向がある子供

　特定の分野の学習（読み・書き・計算など）に苦手さのある子供は，鉛筆の握り方がぎこちないために，過度に力が入ってしまったり，筆圧が強すぎて行や枠からはみ出してしまったりすることがあります。また，指先を用いる細かい動きを苦手としていることも少なくありません。

　このような子供には，見たものに合わせて動く運動，力の調整，中心を意

識する運動などが有効です。
例：指模倣，フラフープジャンプ（中心を意識する），タオルを使った運動，
　　新聞紙ボール作り，目で物を追いかける運動

自閉症の傾向がある子供

　自閉症の傾向がある子供は，他者意識が低く，人との距離感がつかめないことがあります。
　このような子供には，タイミングを合わせることや距離を把握する力を付ける指導が有効です。
例：コーディネーショントレーニング，ぶつからないように歩く
　　長縄くぐり（動く人や物とぶつからないように歩く）

年間計画の例

4月	模倣運動，体幹運動，ボールトンネル	10月	バランス運動（片足相撲），長縄（長縄くぐり），フラフープジャンプ
5月	模倣（後出しじゃんけん），体幹・バランス運動（バランスクッション），反復横跳び	11月	力の調整（ブーメラン），タイミング・距離をつかむ運動（跳び箱乗り），新聞ボール
6月	模倣（言うこと一緒やること一緒），バランスボール，線上歩行	12月	コーディネーショントレーニング（ラダー運動），ボール渡し（ペアで）
7月	力の調整（紙風船打ち），タオルを使った運動（回す，握る，身体をくぐらせる）	1月	力の調整（フリスビー），手首・指先を使う運動，バランス運動（ホッピング）
8・9月	バランス運動（平均台），力の調整（力を入れる・抜く）	2・3月	体幹運動（キッズヨガ），フラフープ（ジャンプ・転がす）

例１　運動場面「バランス運動」（30分）

ねらい：バランスを保つことができる。
○準備運動（身体ほぐし・指模倣・後出しじゃんけん）
○体幹運動（キッズヨガ「木」・「ライオン」）
○バランス運動①（バランスクッションの上で押し相撲）
○バランス運動②（線上歩行：線の上をかかととつま先をつけて歩く）
○振り返り（頑張ったこと・頑張りたいこと）

キッズヨガ「木」

例２　運動場面「縄跳び運動」（30分）

ねらい：縄の動きにタイミングを合わせることができる。
○準備運動（身体ほぐし・タオルを使った運動：回す・くぐる）
○体幹運動（だるま［腹筋］・ひこうき［背筋］）
○タイミングをつかむ①（大縄くぐり「嵐がくるぞ」）
○タイミングをつかむ②（フラフープジャンプ）
○振り返り（頑張ったこと・頑張りたいこと）

だるま

ひこうき

例3　運動場面「中心を意識する運動」(15分)

ねらい：身体の真ん中を意識することができる。
○準備運動（身体ほぐし）
○体幹運動（両手をまっすぐ上げて背伸び30秒2セット）
○目で見た物に身体を合わせる運動（ボールトンネル）
○振り返り（頑張ったこと・頑張りたいこと）

ボールトンネル

Question 9 指導計画・方法・内容

苦手さに応じて指導の参考になるものを教えてください

学習障害の傾向がある子供に

①読むことが苦手

　拗音・促音・拗促音・長音・カタカナ・清音別にカード形式で音と文字をつなげる練習をすることができます。

【参考文献】『多層指導モデル MIM　読みのアセスメント・指導パッケージ　つまずきのある読みを流暢な読みへ』海津亜希子編著（学研）

②目を動かすことが苦手

　数字や文字を読む／捉えるために左右素早く動かす練習ができます。

【参考文献】『knock knock　視覚発達支援ドリルシリーズ　視線をすばやく動かすチカラを鍛える。トレーニングBOOK「マスコピー」』大阪医科大学ＬＤセンター／アットスクール　教育研究部共同開発（スプリングス）

③文字の形を捉えることが苦手

　鉛筆の握り方や正中線を捉える力をつけることができます。

【参考文献】『気になる子どものできた！が増える　書字指導アラカルト』『気になる子どものできた！が増える　書字指導ワーク１〜３』笹田哲著（中央法規出版）

④話すことが苦手，作文が苦手

　１コマの絵に１段落で書くことを繰り返すことで段落の構成技術を高めることができます。

【参考文献】『子どもが一瞬で書き出す！"４コマまんが"作文マジック』村野聡著（学芸みらい社）

不注意，衝動性・多動性がある子供に

①不器用・姿勢がくずれやすい
　体育の内容に沿ってスモールステップで指導を行うことができます。
【参考文献】『気になる子どものできた！が増える　体育指導アラカルト』笹田哲著（中央法規出版）

②気持ちのコントロールが困難
　自分や相手に対する怒りを受け流す方法について，原因から対処法までたくさんのヒントがつまっています。
【参考文献】『イライラしない，怒らない　ADHDの人のためのアンガーマネジメント』高山恵子監修（講談社）

③忘れ物が多い・聞き逃しが多い
　集中力や聞いた内容を把握する力が身につきます。
【参考文献】『能力がグングン伸びる！　きくきくドリル』和田秀樹監修　村上裕成著（文英堂）

自閉症の傾向がある子供に

○場の雰囲気が理解できない
　友達との上手なかかわり方や集団行動のとり方など日常でつまずきやすい項目ごとにまとめてあります。
【参考文献】『あたまと心で考えよう　SSTワークシート』LD発達相談センターかながわ編著（かもがわ出版）

Question 10 指導計画・方法・内容

在籍学級を過ごしやすくするにはどのようにしたらよいですか？

子供の状態把握

　子供の状態は，在籍学級，家庭，通級指導教室，それぞれの場で異なることもあります。それぞれの場の，どのような場面で苦手さが見られるのか三者で情報を共有するところから始めましょう。担任と直接話をする以外に，三者での連絡帳による情報交換といった方法もあります。通級指導教室で子供自身が行動を振り返ったときに，担任には伝えられなかった子供の気持ちが聞けることもあります。そのような気持ちを伝えていくことも大切です。
　また，在籍学級の授業観察等を通して子供の様々な面を捉えていきます。
　在籍学級や家庭からは，連絡帳に子供の様子を書き込んでもらいます。生活の中でつまずいてしまった場面，うまくいった場面，通級指導で行った学習が実践できているかなどについて記入してもらうと，その後の通級指導に生かすことができます。

具体的な目標と支援

　子供の苦手さや困難さが分かったら，具体的な目標や支援について考えていきます。子供自身が自分の苦手さや気持ちについて言葉にできる場合は，子供の話をよく聞きます。その際，子供の気持ちを表現するために，感情をキャラクターに見立てたり，数値化するなど，視覚的な手助けが効果的な場合があります。なかなか言葉にできないときは，子供の気持ちを担当者が代弁するのも一つの方法です。「○○くんは，△△が嫌だったんだね」「□□してはいけないことが分かっていたけど，嫌な気持ちが爆発しちゃったかな」など，言語化していくことで子供が自分の気持ちと行動を整理し，振り返る

ことができます。

　例えば，学級で苦手な活動があると教室を飛び出してしまうAくん。まずは本人の気持ちを受け止めて，できることから目標を具体的に設定していきます。「教室を出たくなるくらい不安なんだね。そういうときは，先生と約束した〇〇で気持ちを落ち着けよう」など，気持ちを言葉にして，具体的にどうすればよいか相談しましょう。約束した場所でクールダウンできるようになってきたら，クールダウンする場所を徐々に教室や自席の近くにしていきます。教室で過ごせる時間が多くなってきたら，そのことについて「〇分座っていられたね」「今日は，〇時間教室で勉強できたね」と具体的に評価する声かけをしていきます。そして，できたことを振り返りながらスモールステップで目標を設定していきます。

　子供が「できそう！」「やってみたい！」という気持ちになったものを試してみるということです。具体的な目標を立て，その目標を達成することで自分が変わっていくということを実感することが子供の行動の改善につながります。通級指導の担当者は，通級指導でのみできる支援をするのではなく，在籍学級や家庭でも行える支援を提案するようにします。

在籍学級，通級指導教室，家庭の連携

　通級指導を行っただけで，状態が改善するわけではありません。通級指導教室と在籍学級，家庭の間で指導やかかわり方を共有し，連携を図っていくことが必要です。認めるポイントや制止するポイントの確認，うまくいった手立て，うまくいかなかった手立てなど，三者で確認しながら進めていきましょう。その際に大切なのは，うまくいかなかった手立てよりも，うまくいった手立てに目を向けることです。通級指導でうまくいった手立てを在籍学級で試したり，在籍学級でうまくいった手立てを家庭で試したり，うまくいったことを広げていくことが必要です。三者で子供の姿をフィードバックすることが，さらなる子供の理解にもつながります。抱え込まず，多くの目と手で子供を支えていきましょう。

Question 11 指導計画・方法・内容

評価や指導の見直しは
どのようにするとよいですか？

指導の方向性を複数の教員で確認する

　指導開始にあたり，保護者や担任との面談によって確認した主訴や課題等に基づいて，子供の個別の指導計画を作成します。指導開始時の資料や面談で得られた情報を踏まえて子供の実態把握を的確に行い，得意なことや好きなことも把握するとともに，優先的に指導する必要のあることを取り上げます。通級指導の小集団指導では，複数の教員で指導にあたることが多く，子供の情報を共有し，指導の方向性について確認します。通級指導で捉えた子供の状態や，保護者や担任からの日常の様子に関する情報に基づき，子供の状態に変化があったときには個別の指導計画の修正を行うこともあります。

　子供の状態に対して適切な指導ができているかを常に評価し，必要があれば指導内容や手立てを修正するなど，柔軟な対応が求められます。そのためには，一人で抱え込むのではなく，他の通級指導の担当教員や在籍学級の担任等，複数の教員で指導内容を確認し合っていくことが大切です。

専門家による見立てを大切にする

　必要に応じて外部の専門家と連携を図り，その見立てを指導に生かしていきます。心理や作業療法，言語指導，視機能の専門家から助言を得ることで，専門的な見地に基づいた，より詳しい子供の状態を把握することができます。専門家からの助言は，個別の指導計画を作成し，具体的な指導内容を考えていく上で大きな指針の一つとなります。

三者（保護者・担任・通級指導担当）で目標を共有する

　指導経過や子供の変容について，個別指導の報告書を作成し，面談を通して保護者や担任に説明することも大切です。個別の指導計画に基づいて行った指導により，子供がどのように変容したか，家庭や在籍学級での様子も併せ，三者で確認します。報告書を基に，次の指導目標についても相談するようにします。家庭・在籍学級・通級指導それぞれの立場から必要と考える目標を出し合い，相談した上で，次の指導目標を設定していきます。三者で指導目標を共有することは，その後の指導を円滑に進める上で効果的です。

評価について複数の教員で検討する

　担当者が作成した個別の指導計画や報告書は，必ず他の教員も目を通し，検討します。自立活動は，目標が達成できたかどうかが評価となりますが，客観的で具体的であるか，保護者や担任が分かりやすいか等の観点から，複数の教員で見ていくことが大切です。必要があれば適宜修正し，適切な評価につなげていきます。教員一人で抱え込むのではなく，他の教員との報告・連絡・相談を密に行い，情報を共有し，複数の教員で検討することにより，子供に対しての適切な評価，指導の改善へとつながっていきます。

本人への評価の例

　本人への評価として，長期目標を「自分の気持ちや考えを相手に伝えることができる」とし，短期目標を「学校生活の中で困っていることや分からないことを友達や先生に伝え，助けを求めることができる」と設定します。その目標に基づき，具体的な場面や望まれる行動を明確にします。小集団指導の中で，具体的な話型を用いて意図的に設定した場面での練習やロールプレイによって適切に行動する学習を重ねていきます。在籍学級でも実際に行動できているか等の情報を担任と共有し，目標とする行動をとることができたかどうか確認し，視覚的にも分かりやすい形で本人にも評価を返していきます。その評価が行動の改善を定着させます。

Question 12 指導計画・方法・内容

学習障害傾向の子供には
どのような指導をするとよいですか？

学習障害について

　学習障害（LD）とは，全般的な知的発達に遅れはないのですが，聞く，話す，読む，書く，計算する又は推論する能力のうち特定のものに著しい困難を示す様々な状態を指します。学習障害は，その原因として，中枢神経系に何らかの要因による機能不全があると推定されますが，視覚障害，聴覚障害，知的障害，情緒障害などの障害や，環境的な要因が直接的な原因となるものではありません。

学習障害のある子供に必要な指導内容

①指示を理解するための指導

　注意を集中できないのか，聞いただけでは理解できないのかなど，その要因を明らかにした上で，話を聞くときの視覚的な補助を工夫したり，復唱，聴写等によって集中を高めたりするなどの指導方法を組み合わせて行います。

②筋道を立てて話すための指導

　伝えたいことを相手にうまく伝えられない場合には，その要因を明らかにした上で，絵を見て話したり，「いつ」「どこで」「誰が」「何を」「どうする」等の項目に沿って話したりするなどの指導を行います。

③文字や文章を音読する能力を高めるための指導

　音読が苦手な場合には，聴覚的処理に困難がある場合と，視覚的処理に困難がある場合があります。聴覚的処理が困難な場合，音を視覚化する指導や，支援機器を使って音声教材を繰り返し聞くなどの指導を行います。

　視覚的処理が困難な場合，文字単位ではなく，まとまりである単語全体と

して捉えられるようにする指導や，文字を拡大したり行間を広げた教材を使用して指導を行います。

④文字や文章を読み理解する能力を高めるための指導
　読解が苦手な場合には，文章の内容の把握ができているか，文章中の指示語の理解ができているかなど要因を明らかにし，文章や段落ごとの関係を図示する，重要な箇所に印をつけるなどの手段を身につけられるようにします。

⑤文字を正確に書く能力を高めるための指導
　適切な文字を思い出すことができないのか，細かい部分を書き間違えるのか，同じ音の漢字と間違えるのかなど，つまずきのパターンを把握した上で，漢字の成り立ち等の付加的な情報を指導し，意味づけを行ったり，文章や文字をなぞって書くなどの指導方法を組み合わせていきます。

⑥作文を書く能力を高めるための指導
　作文を書く際の視点を養うための推敲課題に取り組んだり，「いつ」「どこで」「誰が」「何をして」「どう思ったか」などの質問形式から取り組み始めるなどの工夫をしながら作文の指導を行います。

⑦計算する能力を高めるための指導
　計算に困難さがある場合には，数の概念の未熟さ，記憶力の弱さ，視覚認知面の課題，思考力の弱さなどの要因が考えられます。要因を明らかにし，絵カード等を活用して理解を進めます。繰り上がり等の考え方については具体物の活用や，筆算の際にはマス目のあるノートの使用により指導を行います。

⑧算数の文章を含む課題に取り組む能力を高めるための指導
　算数の文章題が苦手な場合には，文章中にある条件を記憶する力や，示されている条件をもとに立式する思考力に弱さがあるのかなど，要因を明らかにし，どのような概念や公式が必要なのかなどに着目させます。自分で文章題を作成したり，あるいは文章題を図に示したりするなどの指導を行います。

⑨図形を含む課題に取り組む能力を高めるための指導
　視覚認知能力や空間操作能力，器具の扱いに困難があるのかなど，その要因を明らかにした上で，間違い探しや回転課題など観点を絞った基本的な図

形の学習や，図形の特徴や操作を言葉に直すなどの指導を行います。
⑩位置や空間を把握する能力を高めるための指導
　空間における身近な物の位置関係をどの程度把握しているかを明らかにした上で，ボディイメージの形成や空間における位置関係の把握のため，実際に体験できる活動を取り入れつつパズルや積み木模様の構成などを行います。

学習障害のある子供への具体的な支援の内容

・読み書きや計算等，苦手なことを別の方法で代替する。他の能力で補完する。（パソコン，デジカメ等の使用，口頭試問による評価等）
・「読む」「書く」等特定の学習内容の習得が難しいので，基礎的な内容の習得を確実にすることを重視した学習内容の変更・調整を行う。（習熟のための時間を別に設定，軽重をつけた学習内容の配分等）
・読み書きに時間がかかる場合，能力に合わせた情報を提供する。（文章を読みやすくするために体裁を変える，拡大文字を用いた資料を活用する，ふりがなをつける，音声やコンピュータによる読み上げを行う，聴覚情報を併用して伝える等）
・身体感覚の発達を促す活動を行う。（身体を大きく使ったり，様々な感覚を同時に使ったりする活動等）また，活動内容を分かりやすく説明し，安心して参加できるようにする。
・苦手な学習活動で自尊感情が低下している場合には，成功体験を増やしたり友達から認められる場面を設ける。（文章の理解等に時間がかかることを踏まえた時間延長，必要な学習活動に重点を置いた時間配分，受容的な学級の雰囲気づくり，困ったときに相談できる人や場所の確保等）
・努力によっても変わらない個性や特定の感覚が過敏な場合があること等について，周囲の子供，教職員，保護者への理解啓発に努める。
・類似した情報が混在していると必要な情報を選択することが困難になるため，不要な情報を隠したり，必要な情報だけが届くように校内の環境を整備する。（余分なものを覆うカーテンの設置等）

Question 13 指導計画・方法・内容

多動傾向の子供にはどのような指導をするとよいですか？

多動傾向の子供

　じっとしていることが苦手で，過度に手足を動かしたり，話したりすることから，落ち着いて活動や課題に取り組むことが困難な子供がいます。例えば下記のような子供です。
- 手足をそわそわと動かしたり，着席していてももじもじしたりする。
- 授業中や座っているべきときに席を離れてしまう。
- きちんとしていなければならないときに，過度に走り回ったりよじ登ったりする。
- 遊びの余暇活動におとなしく参加することが難しい。
- じっとしていない。または何かに駆り立てられるように活動する。
- 過度にしゃべる。

注意欠陥多動性障害の特性

　注意欠陥多動性障害の子供は，「故意に活動や課題に取り組むことを怠けている」あるいは「自分勝手な行動をしている」などとみなされてしまい，障害の存在が見逃されやすいです。まずは，これらの行動が障害に起因しており，その特性に応じた指導及び支援が必要であることを保護者や学校が認識する必要があります。特に，早期からの適切な対応が効果的である場合が多いことから，低学年の段階で担任がその特性を十分に理解し，適切な指導や必要な支援の意義を認識することが大切です。

多動傾向の子供に必要な指導内容

①注意を集中し続けるための指導

　一つのことに注意を集中することが難しい場合には，どのくらいの時間で注意の集中が難しくなるのか，教科や活動による違いはあるのかなど，困難の状況や要因を明らかにした上で，一つの課題をいくつかの段階に分割したりして，視覚的に課題の見通しを確認できるようにすることや，窓側を避け，黒板に近い席に座らせるなど集中しやすい学習環境を整えるよう配慮するなどの工夫をします。

②指示に従って，課題や活動をやり遂げるための指導

　指示に従えず，また，課題や活動を最後までやり遂げられない場合には，指示の具体的な内容が理解できていないのか，課題や活動の取り組み方が分からないのか，集中できる時間が短いのかなど，その要因を明らかにした上で，指示の内容を分かりやすくする工夫を行い，分からないときには助けを求めることを指導します。課題の内容や活動の量の工夫も行うように努め，最後までやり遂げることを指導するようにします。

③順番を待ったり，最後までよく話を聞いたりするための指導

　順番を待つことが難しかったり，他の人がしていることを遮ったりしてしまう場合には，決まりごとは理解しているのか，理解しているのに行動や欲求のコントロールができないのかなど要因を明らかにした上で，決まりごとの内容と意義を理解させ，その徹底を図る指導を行います。その際，例えばロールプレイを取り入れ相手の気持ちを考える，何かを行いたいときには手を挙げる，カードを用いることによって気持ちの整理をさせるなどの工夫をします。

具体的な支援の内容

日常生活の中では下記のような支援が考えられます。
- 見通しをもたせるため，活動時間が分かるようにタイマー等を用い，視覚的に残り時間が把握できるようにする。

・刺激を少なくするために，少人数でグループを編成する。
・失敗することをできるだけ避けようとして新しいことに挑戦しなくなるので，成功体験を積めるようにする。
・スモールステップで取り組ませることで，苦手なことでも練習すればできるようになると子供が自信をもてるようにする。
・多動傾向の子供の感覚刺激を充足させるために，トランポリンやスクーターボード（四角い板に車輪が四つ付いたもの），バランスボール等で十分身体を動かしてから学習に取り組ませるようにする。
・担任と通級指導の担当者が連携して「頑張りカード」を作成し，トークン（ポイント制）を用いて，通級指導の際に評価するなどして意欲の強化を図る。

Question 14 指導計画・方法・内容

不注意傾向の子供にはどのような指導をするとよいですか？

不注意の傾向がある子供

　注意欠陥多動性障害のある子供の気になる行動は，この障害の特性によるものだということにできるだけ早期に気付き，本人の自己肯定感が低下することのないような対応をとることが重要です。そのためには，叱責するよりも，望ましい行動を具体的に示したり，行動のよい面を積極的に探して褒めたりすることが効果的であると考えられます。

不注意傾向の子供に必要な指導内容

①不注意な間違いを減らすための指導

　不注意な間違いが多い場合には，他の情報に影響を受けやすいのか，それとも視線を元の位置に戻し固定できないなど視覚的な認知に困難があるのか，あるいはわずかな情報だけで性急に判断してしまうのかなどの要因を明らかにした上で，いくつかの情報の中から必要なものに注目する指導や，どのような作業でも終わったら必ず確認することを習慣づけるなどの指導を行うことが求められます。

②忘れ物を減らすための指導

　忘れ物が多かったり，日々の活動で忘れやすかったりする場合には，興味があるものとないものとで事柄によって違いがあるのか，日常的に行うものとそうでないもので注意の選択に偏りがあるのかなど，その実態を把握した上で子供に合ったメモの仕方を学ばせ，忘れやすいものを所定の場所に入れることを指導するなど，家庭と連携しながら決まりごとを理解できるようにし，徹底させ，定着を図っていくことが必要です。

具体的な指導の内容の例

①不注意な間違いの原因を探るには

・ビジョントレーニングの数字のジャンプや数字探し

　視覚的な傾向を見たり処理する時間を計ったりする中で，注意の逸れやすさなどを見ることができます。

・聞くドリル

　様々な音の中から必要な情報を得ることができるかを確かめることもできます。簡単な文章をそのまま繰り返すことで，短期記憶が弱いのか，長期記憶に変換しにくいのかなども確かめることができます。

②忘れ物を減らすために

・聞くドリル

　必要なことをメモする練習ができます。全部書こうとすると聞き逃してしまうこと，後から見て自分で分かる程度の単語でよいことなどを事前に伝えます。様々な文章で練習を繰り返します。

・道具箱の活用

　学校では，道具箱の中身を使う頻度が高い順に一緒に整理し写真に撮ります。写真はＡ４サイズに拡大して道具箱の底に貼り，使ったら所定の位置に戻す練習をします。家庭では，お手紙カゴを用意し，帰ったらすぐにお手紙を出す習慣をつけるようにします。

・「頑張り表」の活用

　子供が少し頑張ればできる目標を一緒に計画し，担任，保護者と共有します．表にして自分で確認できる場所に置き，花丸などで即時評価することで子供の自己肯定感が上がり，少しずつ忘れ物を減らすことができるようになります。

Question 15 指導計画・方法・内容

選択性かん黙や不安傾向が強い子供にはどのような指導をするとよいですか？

学校と家庭での様子を把握する

　選択性かん黙や不安傾向が強い子供は，学校での様子と家庭での様子が異なることがあります。選択性かん黙や不安傾向も一人一人が異なる状態ですので，背景や今までの様子について，学校と家庭とで共通理解していくことが大切です。

　そのために，学校，家庭と連携し，それぞれの場所での過ごし方や様子について見るようにします。

選択性かん黙や不安傾向の背景を考える

　選択性かん黙のある子供は，特定の場所や状況において話せない状態になることがあります。家庭ではほとんど支障なく会話できるものの，緊張が高まることで特定の場所や状況では会話ができないことがあるのです。そのような状態になった時期や，幼少期などの様子を把握し，背景にある問題について連携しながらどのように指導するか考えていく必要があります。

安心して取り組める環境をつくる

　選択性かん黙や不安傾向が強い子供については，その要因に応じて指導の内容や方法が異なります。

　通級指導の場合，指導開始時には，子供の緊張を和らげるような指導が大切です。指導の中でどのようなときにどのような状態か，担当者が活動をリードしていきながら，子供と担当者との関係を築いていきます。その中で，自分の気持ちを聞かれたり意思を求められたりする場面では，用意された選

択肢の中から選ぶようにします。また，活動を他の子供とともにしていることで参加とみなし，その意欲を認めながら安心して取り組めるようにしていきます。集団を構成する際には，同じグループになる子供との相性も考慮します。学習への参加の仕方は担任と相談し，子供に合う学習方法を子供と一緒に検討していきます。家庭では支障なく話せているようであれば，保護者の協力も得て考えていくこともできます。

　在籍学級の授業では，子供が安心して参加できるよう座席や集団構成を配慮したり，活動の内容を工夫するなどしながら行うとよいでしょう。対話的な学習を進める際には選択肢の提示や筆談も認め，情緒の安定を図りながら相手とやりとりできる場面を増やしていくことが大切です。

意思を伝える様々な方法を考える

　特に子供自身からの発話がなくてもスムーズに活動しているときは，それが子供の肯定的な意思であると捉えます。しかし，活動の中で，自分で決定しなければならない場面や選択しなければならない場面もあります。そのようなときは，どのような方法で意思を伝えるかということを，保護者と相談しておくことも必要です。選択肢を用意しておくのか，筆談なのか，うなずきで判断するのか，無理に意思を聞くことはしないのか，様々な配慮があります。友達と活動できる子供の場合は，一緒にかかわることができる子供を近くの座席に配置するなどの手立ても考えられます。

選択性かん黙や不安傾向の要因も考える

　人とのかかわり方に緊張や不安を強く感じる要因に，知的障害や自閉症があることがあります。目的に沿って話すことや，相手の視点に立って考えることが苦手なために，コミュニケーションにすれ違いが生じることがあります。コミュニケーションの基礎的な指導を工夫する他，自分の気持ちを安心して様々な方法で伝える経験を重ね，多方面からの情報を用いて指導の方針を考えていくことが大切です。

Question 16 指導計画・方法・内容

衝動性が強い子供には
どのような指導をするとよいですか？

衝動性が強い子供

　話を最後まで聞いて答えることや順番を守ることが困難で，思いつくままに行動して他者の行動を妨げてしまう等，衝動性が強い子供の行動は，周囲の大人から注意されたり，対人面でのトラブルを引き起こしてしまったりすることがあります。通級指導では，行動をコントロールする力を高めるとともに，その行動特性から懸念される対人面でのトラブルを避ける方法を指導していく必要があります。

具体的な指導

　衝動的な行動の後追いをして注意するような指導は効果がありません。行動をコントロールする必要性を子供が理解し，行動をコントロールする力を高められるよう，行動の要因を明らかにし，指導することが大切です。

①**目標の設定**

　子供が衝動的な行動をとってしまい，結果として生活の中でのルールを守ることができていない場合，まずは生活のルールや約束を正しく理解しているのか確認し，必要に応じて理解を促していきます。理解していても思ったままに行動してしまっている場合は，周囲の友達とのかかわりの視点でそのルールに触れながら，ルールを守る必要性を理解できるようにしていきます。子供の発達段階や行動特性を考慮しながら達成できそうな目標を設定し，約束やルールを守ることができた経験を積んでいけるようにします。

②**行動の評価と振り返り**

　行動の目標を設定していくとともに，目標を意識して行動をコントロール

することができた場合には，その行動を評価することが大切です。よい行動の振り返りを通して，行動をコントロールすることができたという自信を高めていけるようにします。また，行動の振り返り学習の中で，行動をコントロールする必要がある場面を子供自身が少しずつ理解していけるようにすることも大切です。

③人とのかかわりの学習

　衝動性の強い子供の指導に限らず，通級指導の中では人とのかかわりのスキルを指導することが多くあります。衝動性が強い子供の指導においても，小集団指導を取り入れるなどして実際の人とのかかわりの場面を設定し，ルールを守ること，行動をコントロールすること，自分の気持ちを言葉にして伝えたり，気持ちをコントロールすることなど，かかわりの中でよい方法を練習していくことが有効です。

指導の留意点

①評価方法の工夫

　衝動性が強い子供の指導においては，分かりやすい評価があると効果的な場合があります。例えば，行動をコントロールできたときの評価方法として，その行動の直後に視覚的に花丸で示したり，振り返り学習の中でシールを貼ってあげる，ポイント制にするなど，子供の実態に合わせてご褒美的に示してあげる方法などがあります。

②目標設定での配慮

　通級指導の中で目標を設定して指導する際，その目標が子供の実態や能力以上のものとなってしまった場合，失敗の経験になってしまいます。長い目で見て，いずれ守れるようになってほしいいくつものルールの中で，子供の現状を考慮し，今目標として守ることを促すものと，時には大目に見るものとを区別することは必要です。できたという経験を積む中で自信をつけて次の目標に向かっていけるよう，スモールステップでの目標設定が不可欠です。

Question 17　指導計画・方法・内容

身体の動きがぎこちない子供にはどのような指導をするとよいですか？

自己肯定感を高める

　子供の活動の中でも，運動はできる・できないがはっきり目に見えてしまいます。失敗が，本人のみならず相手や友達にも分かってしまい，運動が苦手な子供にとっては運動の場面が失敗の連続になる可能性があります。授業の体育についても，自分のできなさを披露する場となってしまい，自己肯定感や自尊感情を低下させてしまいます。

　通級指導を受ける子供の中には不器用さがある子供がいます。友達との違いに悩んだり，周囲の人から注意されたりすることで，自信をなくしています。不器用さを少しでも改善し，自己肯定感を高めるようにします。

子供の発達段階に応じた練習

　一概に不器用といっても，身体全体の使い方がぎこちない子供から，手指の動きがうまくいかず細かい作業ができないといった子供まで様々です。

　身体全体の使い方がぎこちない子供には，動きを強要する指導をしてもその運動ができるようになるとは限りません。身体の仕組みを理解し，効果的にサポートすることが必要です。子供に発達段階以上の活動をさせると失敗につながります。子供の力に応じた活動をさせることが大切です。

基本動作の確認

①座る

　学校では多くの時間座って授業を受けるので，正しい座り方を確認します。

- 足は両足が床についていますか。
  - →足底を床につけて座るようにしましょう。
- 腰が丸まることなく伸びていますか。
  - →背筋を伸ばし，骨盤が前傾するようサポートしましょう。いすに浅く座らせるとよいでしょう。

座る

②立つ

運動をする際は，立つ姿勢から始まります。正しい立ち方を確認します。
- 背中を丸めることなく立っていますか。
  - →背筋を伸ばし，身体の各部位が一直線になるようにしましょう。肩や腕の余分な力は抜くようにしましょう。

立つ

③バランス

身体を動かすにはバランスが必要です。
- 動き始めに身体がふらつくことなく動けていますか。
  - →身体を動かす前に静止してみましょう。

歩く

適切な助言

　一つの動きを子供に行わせてみてできたとしても，よく観察してみると，「やっとできた」「スムーズにできた」「丁寧にできた」といったように，動きの質が異なることがあります。できたという結果だけを見るのではなく，その過程を見ていくことが大切です。

　どのような動きを行わせるときでも，その子供の発達段階以上のことを行わせると失敗します。子供の力に合った動きを行わせるようにするとともに成功体験が積めるよう，適切なサポートやアドバイスをすることが大切です。「できた」ことが子供の自己肯定感を高めることにつながります。

Question 18 指導計画・方法・内容

自閉症傾向の子供には
どのような指導をするとよいですか？

指導を始める前に

　自閉症傾向の子供は，日課と異なる学校行事や急な予定の変更などに対応することが難しく，混乱してどう行動したらよいかが分からなくなることがあります。安心できるように，事前に予定されているスケジュールや予想される状況等を，視覚的なものを活用しながら伝えるようにします。また，「もう少し」「そのくらい」など，抽象的な表現を理解することが困難な場合があるため，指示の内容を具体的に表現します。例えば，「ちょっと待って」よりは「〇分待って」と伝えます。さらに，タイマー等を使って時間を視覚的に示すことで見通しがもてます。

　また，言葉の裏側にある意味を想像する力が弱く，「〇〇だから□□しない」というつながりの理解が苦手であるため，「だめ」「〇〇しない」という否定的な表現だけが伝わってしまいます。「だめ」「いけない」ではなく，してよいこと，してほしいことを具体的な言葉で伝える必要があります。

様々なこだわり

　特定のものに強いこだわりを示す例として，動作や行動に固執する，同じ話を繰り返す，他者の意図を理解することが難しい，特定の情報のみに注意が集中してしまう等があります。このような場合には，様々な方法を経験させて作業のやり方へのこだわりを和らげたり，担当者との良好な人間関係を築き，子供が主体的に取り組もうとする気持ちを育てることが大切です。

　感覚の過敏さがある子供は，特定の光や音などにより行動の調整が難しくなることや，触覚の過敏さのために身体接触や衣服の材質に強く不快感を抱

くことがあります。その刺激が強すぎたり突然であったりすると，感情が急激に変化したり，思考が混乱することがあります。このような場合には，自身の苦手な音などを知り，音源を遠ざけるなど自分で対処できる方法を身につけるように指導することや，そうした特定の音が発生する理由や仕組みなどを理解し，徐々に受け入れられるように指導していくことも大切です。

他者との社会的関係の形成の困難さ

　他者に自分の気持ちを適切な方法で伝えることが難しい場合は，身近な教員とのかかわりから，少しずつ安定した関係を形成していくことが大切です。やりとりの方法を指導し，その方法が定着するようにし，その後でやりとりの方法を少しずつ増やしていくようにします。

　言葉や表情，身振りなどを総合的に判断して相手の思いや感情を読み取り，それに応じて行動することが困難な場合があります。言葉を字義通りに受け止めてしまう場合もあるため，行動や表情に表れている相手の真意の読み取りを間違うこともあります。そこで，生活上の様々な場面を想定し，相手の言葉や表情などから，相手の立場や相手が考えていることなどを推測するような指導を通して具体的な方法を身につけるようにします。

言葉の発達の遅れ

　言語発達に遅れがある場合は，語彙が少ないために自分の考えや気持ちを言葉にできないことや，相手の質問に的確に答えられないことがあります。子供の興味・関心に応じた教材を活用し，語彙を増やしたり，言葉のやりとりを楽しんだりすることが大切です。担当者との安心できる場で様々な活動を取り入れるとよいでしょう。また，語彙の習得や上位概念，属性，関連語等言語概念の形成には，生活経験を通して様々な事物を関連付けながら言語化することも大切です。課題の設定を工夫して子供に「できた」という経験と自信をもたせて，コミュニケーションに対する意欲を高め，言葉を生活の中で生かせるようにしていくとよいでしょう。

Question 19 指導計画・方法・内容

中学校生活につなげるにあたってどのような配慮が必要ですか？

中学校生活への見通しをもたせる

　小学校を卒業し，中学校へ入学する時期が近付くと，子供は期待が膨らむとともに不安も大きく膨れ上がります。中学校生活をうまく滑り出せるかどうかがその後に大きく影響してきます。

　中学校生活では，多くの学校で指定の制服が設けられていたり，髪型や持ち物等について校則の中に一定の基準があったりします。また，授業後に部活動があること，中休みがないこと，授業の1単位時間が50分になること，教科担任制となり教科により先生が替わること，定期テストが実施されること等，小学校生活とかなり異なってきます。障害の特性があるために，先のことを見通せず不安を抱いたり，具体的なイメージがもてずにいたりする子供が少なくありません。入学前に進路先の様子を知っておくことが大切です。通級指導の中で，中学校生活について話したり，具体的な場面を想定して過ごしやすい方法を一緒に考えるなど見通しをもたせるようにしたりします。

　保護者面談では，進路に対する保護者の考えや，不安に感じていること等を早めに聞いておきます。学校の規模，支援体制の有無，雰囲気等，心配なことは様々です。新入生や保護者を対象とした学校説明会等には必ず保護者に参加してもらうようにしましょう。

自分の特性を知る～自己理解～

　普段から将来の自分に対する意識を高めていくことが進路を考える上で大切です。自分の得意なことに目を向けさせたり，興味がある職業について一緒に調べたりするなどして，そのためには何が大切なのか見通しをもたせます。

また，自分にはどんな特性があるのか，そのためにどんな場や環境，あるいは支援が必要なのかを自分で知っておくことも必要です。中学校は，より多くの教員や大人が生徒とかかわるようになります。担任以外にも，各教科の担当教諭，部活動の顧問教諭，養護教諭，スクールカウンセラー，特別支援教育コーディネーター等，自分が相談しやすい環境を探せるようにしておきます。学校間での引継ぎも重要です。進学先の教員に小学校時の子供の様子を観察してもらったり，引継ぎ事項を確実に伝える場を設けるなどして連携を図ります。

中学校で通級指導教室を利用する

①小学校で通級指導を受けていた場合

　小学校での指導の経過から，中学校入学当初から通級指導を開始することで円滑に進学が果たせることが見込まれる場合があります。そのような場合，保護者が教育委員会に就学相談の申出を行う必要があります。保護者の申出に基づき，教育委員会は在籍している小学校に対して通級指導の経過や評価を就学相談の参考意見として聴取したり，中学校の通級指導担当教員や心理の専門家等による当該児童の行動観察を行ったりするなど適切な就学相談を行い，中学校での通級指導の開始を決定します。

　なお，小学校で通級指導を終了している場合でも，保護者の承諾を得た上で，中学校への円滑な引継ぎを行うようにします。

②新たに中学校で通級指導を受けたい場合

　基本的には，小学校の通級指導の開始と同様の手続きを行います。中学校の在籍学級担任や教科担当教諭等からの気付きに基づき，特別支援教育コーディネーターを中心にして，校内委員会で当該生徒の特別な支援の程度について検討します。校内委員会での検討に基づき，学校が保護者と相談しながら教育委員会に通級指導の開始について申請します。その後，必要な資料を提出し，専門家による諸検査や行動観察を実施し，教育委員会の判定を経て，通級指導を開始します。

Question 20 指導スキル

子供にはどのようなかかわり方をするとよいですか？

通級指導教室の役割

　通級指導を受ける子供は，日々の生活の中で友達とトラブルがあったり，注意を受けることがあるなど，「うまくいかない」と感じてしまうことが多くあります。子供にとって通級指導教室は，「うまくできた」体験を積む場所であり，うまくいくための方法を学ぶ場です。また，自分を認めてもらい，自信を高めていくことができる場でもあります。

　子供は，障害の特性からくる困難さに対応していく力を身につけていかなければなりません。在籍学級の中では学びきれない力を通級指導の中で身につけることができるよう，通級指導教員として，子供の行動の背景や理由を捉えて分析し，理解しながらかかわっていくことが大切です。

気を付けたいこと

　通級指導をより有意義なものとしていくためには，教員と子供の信頼関係を築いていくことが大切です。通級指導を受ける子供は，障害の特性により，周囲からは理解されにくい行動をとってしまうことがあります。表面上に見える行動にのみ着目してかかわってしまうと，時として子供の気持ちを汲み取らない対応となってしまうこともあります。

　教員が子供の心をしっかりと受け止め，寄り添う姿勢でかかわるようにします。通級指導の場では，1対1でかかわる時間が多くあります。子供が安心して自分の気持ちを話したり，向き合ったりすることができるようにするためには，子供が自分の行動や考えを否定されない関係が大切です。

　寄り添って指導するということは，全ての行動を肯定するということでは

ありません。子供の行動の背景にある気持ちを引き出し，共感したり受け止めたりした上で，どう行動するとよいか，ともに考えていくようにしましょう。

行動の振り返り

　例えば，子供は通級指導の場で，あるいは在籍学級で過ごす中で，望ましいと思われない行動をとってしまうことがあり，通級指導の中でその行動を振り返って指導をする場合があります。そのようなときに，その行動をただ注意して正すような指導だけでは効果的ではありません。

　子供がその行動をとった理由や気持ちを話すことができるように，教員が聞く姿勢をもつことが大切です。行動自体が望ましいものでなかったとしても，子供が自分の行動を振り返り，向き合うためには，気持ちを受け止め共感する態度が必要になります。その上で，とってしまった行動の何がよくなかったか，次に何に気を付けるとよいかを一緒に考えていくことが大切です。話したことを基にこれからの行動の目標を決めることで，その目標を守れたときには，よかったことを振り返り，認める機会にすることができます。そのために，達成可能な目標を設定し，子供の「できそう！」「できた！」という気持ちを増やしていくようにします。

制止の声かけ

　時には，その場ですぐに制止をしなければならない行動もあります。自分の行動の影響や危険に気付けていないようなときには制止が必要です。ただし，通級指導を受ける子供は日頃から注意を受ける体験が多く，制止にも敏感になっている場合があります。「やめなさい」という制止よりは，理由を伝えた上で「やめたほうがいいよ」「やめよう」という伝え方がよい場合があります。また，なぜやめたほうがよいのか，子供の視点で伝えるのも方法の一つでしょう。例えば，その行動が周囲の友達に怪我をさせてしまいそうであれば，怪我をした子供がつらい気持ちになる，怪我をさせてしまって嫌な気持ちになるなど，子供側の視点を取り入れるとよいこともあります。

Question 21 指導スキル

どのようなことに気を付けると子供を認めて伸ばす指導ができますか？

認めることで自信がもてるようにする

　通級指導教室では，学校や家庭で学習や生活上の困難を抱えている子供が学んでいます。日々の中で注意されたり叱られたりすることが多く，自分に自信がもてなくなってしまっている子供もいます。自分に自信をもつためには，他者から認められることはとても大切です。自信をなくしていた子供も，認められることで自信をもち，自己肯定感が高まります。

　通級指導教室では，小集団指導や個別指導など，少ない人数で指導を行うため，認める機会も多くあります。小さなことであっても，具体的に言葉にして声かけをするなど，たくさん認めてあげることで子供は自信をもち，さらに生活や学習に意欲がもてるようになるでしょう。

小集団指導の中で認める

　小集団指導で，子供は様々なコミュニケーションスキルを身につけ，そのコミュニケーションスキルを生かし，活動に取り組もうとします。その際には即時認めるようにします。認めることで，望ましい行動が強化され，子供はどうすれば認められるのかということに気付くことができます。

　認めるには，声かけだけでなく，黒板にポイントを示しておき，できたら丸をつけるなど視覚的に分かるようにすることも効果的です。しかし，小集団指導では他の子供も一緒なので，他の子供と比較しないようにします。他者と比べてできていないことに気付き，自信をなくしてしまう子供もいます。教員がその子供自身の頑張りを認めることで，子供が自分のよさに気付いていくでしょう。

個別指導の中で認める

　個別指導では，他の子供を気にすることなく，その子供の状態に合わせて十分に認めることができます。身につけたコミュニケーションスキルをうまく使えたとき，課題をやり遂げたときなどは認めるよい機会です。そのためには，課題は達成が難しいものではなく，達成可能なものからスモールステップで徐々に難易度を上げていくことが大切です。

　個別指導の内容として，小集団指導や学級での様子を振り返る活動を行う際に，それまでの指導で達成できた課題を最初に確認してから次の課題について考えていくようにすると，自分の課題を受け入れやすくなります。振り返りの場面でも，口頭で振り返るだけではなく，達成できたことを紙やホワイトボードに書き出したり，頑張りカードにシールを貼ったり，丸をつけたりすることが効果的です。自分で丸や点数をつけるなど自己評価をさせ，前回と比べて伸びている点に着目して認めるのもよいでしょう。

認め方もいろいろある

　活動を行っているときに少しでもできるようになったことがあれば，その点をすぐに認めます。自分では「まったくできていない」と思っている子供もいるので，達成できたという実感がもてるように，できたことを具体的に伝えます。活動の様子をビデオに撮っておき，前回の様子と比較しながら認めるとさらに実感がもてるようになります。

　また，子供の問題行動が起きたときには，認める機会ができたと捉えるようにするとよいでしょう。会話しながら絵や図に表して行動を振り返る中で，自分の気持ちを話せたときには認め，次回の指導では振り返ったことを基に適切な行動をするようなめあてをもつことができます。

　認めることが効果的と分かっていても，注意しなければならない場面もあります。そのようなときは活動を一旦止めて，身につけたコミュニケーションスキルを確認します。「○○ができていない」と注意するのではなく，「○○ができている」と置き換えて認めることを心がけるようにしましょう。

Question 22 指導スキル

子供に指示を出すときにはどのようにするとよいですか？

子供に合った指示の出し方

子供によっては，一度の口頭による指示で内容を理解し行動することが難しい場合もあります。一人一人に合った方法で明確に指示を出すようにします。

どのような方法が子供にとって分かりやすいのかを一人一人の子供の様子や行動から判断して工夫します。様々な方法を試したり，複数の方法を組み合わせたりして，子供に合った指示の出し方を見つけていきます。

指示を出した後の確認

指示を出した後には，内容を理解できているか確認することが大切です。

指示が理解できていないまま活動に入ってしまう子供もいます。指示を理解し，子供が安心して活動できる環境をつくるようにします。

指示のポイント

指示の出し方	指示内容理解の確認の仕方
・指示を視覚化する。 ・指示を短くし，分かりやすいものにする。 ・指示語（これ，あれ，それ等）を使わない。 ・具体物を用いて指示を出す。 ・指示の数を少なくする。 ・指示の数を示す。 ・指示の順序を示す。　　　　　　　　等	・指示を出した後の行動を確認する。 ・理解できているかを確認する。 ・質問できる時間を設ける。　　　　　等

感情をコントロールした肯定的な指示

注意をするときには，注意する側が感情をコントロールし，否定的な言葉を使わないように気を付けます。子供が成功体験を積むことにより，自己肯

定感を高めることが大切です。否定的な言葉によって子供が自信を失ってしまうと，指示の理解に至らない場合があります。

　自閉症の特性の一つとして，他者の気持ちを読み取ることが難しいといったことが挙げられます。人は言葉だけではなく，表情や身振りなども使って意思や感情の表現をしていますが，自閉症の子供の中には，そうした表現を理解することに苦手さのある子もいます。また，気持ちを読み取ることが難しいことから，「暗黙の了解」を理解することがうまくできません。複雑な感情表現を理解することは苦手ですが，言葉を素直に受け取ることはできるので，分かってほしいことがあるときには，具体的な表現ではっきりと伝えることが大切です。指示は感情的にならず，子供が素直に受け入れられるような言葉で伝えることを意識します。

効果的な教員同士の協力

　小集団指導では，複数の教員がかかわることがあります。授業中に，一斉の指示で理解することが難しい子供に対しては，サポート側にまわる教員が，主として授業を進める教員の指導の妨げとならない範囲で子供に対して指示を聞くよう促していきます。どのようにサポートしたら指示が理解されるのか，指導にあたる教員同士で共通の認識をもち，連携し合うことで指導の効果を高めることができます。

見通しをもつことについての工夫

　指導のはじめに全体の見通しをもつことができるように，その日の指導内容を視覚的な支援を用いて伝え，どのような活動をどのような順序で行うのかを明確にします。また，不安の強い子供の場合には，指導を始める前に個別に伝えておくことで，不安を取り除くことができます。子供が見通しをもてるようにする際には，授業が楽しみになるような準備が大切です。見通しがもてることで，意欲的に活動へと向かうことができます。

Question 23 指導スキル

通級指導について本人にどのように説明するとよいですか？

通級指導教室とはどのような場所なのか

　通級指導を受ける子供には，初めての場所や知らない人と会うことが苦手な子供が多くいます。通級指導を円滑に開始し，効果的な指導にしていくためには，子供が通級指導について理解しておくことも必要です。見通しがもてないことに不安を覚えることがあるので，担当者からどのような学習をするのかよく説明するようにします。

　低学年の子供の場合は，自分の苦手なことや困難さに気付いていないこともあります。無理にそのことに気付かせるのではなく，通級指導教室が「楽しい」「居心地がよい」と前向きな気持ちで受け止めることができるように説明します。高学年の子供の中には，失敗経験を重ね自信がもてなくなっている子供もいます。苦手なことや困難なことを担当者が肯定的に受け止め，「安心できる場所」だと思えるように説明します。子供が安心して，苦手なことや困難なことにチャレンジできる場所だと伝えるとよいでしょう。

苦手さや困難さ，好きなことを聞く・気付かせる

　担当者は，通級指導を受ける子供の困難さについて，指導開始時の資料や保護者との面談等で把握しています。その困難さについて，子供自身の捉え方が大人と異なる場合や，自分の困難な状態に気付いていない場合もあります。そこで，子供が通級指導を受ける目的を明確にしていくことが必要です。最初は子供に学校での様子を聞きながら，どのようなときに困ったり嫌な思いをしたりするのか聞いて受け止めることが大切です。うまく表現できない子供の場合は，担当者が内容を書き取って情報を整理したり，選択肢を提示

したりしながら，子供の考えに近い意見を汲み取ることができれば，子供の考えがより深まっていくでしょう。子供が自分の苦手さや困難さに気付くことができるようになると，通級指導で学習する目的や目標を見出し，通級指導で受けた指導が在籍学級での生活に生かされることが多くなるでしょう。

　また，苦手さや困難さばかりではなく，得意なことや好きなこと，興味のあることについても意識させるようにします。得意なことを活用することで苦手さや困難さをカバーできることもあります。通級指導で学習していく内容として，得意なことや好きなこと，興味のあることを学習に生かしていくことも伝えます。苦手さや困難さばかりに目を向けると，通級指導を受けることがつらくなってしまう子供もいるかもしれません。

自己肯定感を高める

　通級指導を受ける子供によっては，学校での生活に不安をもっている場合があります。通級指導で自分の苦手さと向き合っていると，改めて自分の困難な状態に気付き，さらに自信をもてなくなってしまうこともあります。効果的な指導を行うためには，児童の苦手さや困難さに向き合うばかりではなく，得意なことや興味のあることにも目を向けさせ，自己肯定感を高めるようにしていく必要があります。

　「自分は○○ができないけど，□□なら得意だ」など，自分には苦手さや困難さを補えるものがあるということに気付かせ，子供が自己理解を深められるようにするのもよいでしょう。通級指導教室が，自分の苦手なことを受け入れるだけでなく，得意なことを増やし自信を深められる場所だと感じられるように説明することが大切です。

通級指導の様子

Question 24 指導スキル

専門的な知識をどのようにして学んでいったらよいですか？

OJT

通級指導の経験が浅い場合,「どのように子供の状態を把握したらよいのか」「どのような指導が効果的なのか」等, 様々な不安があるでしょう。そのようなときは, 自分だけで悩まず, 先輩教員や管理職に相談するようにします。先輩教員は, OJT (on-the-job training) により, 後輩教員が職務を遂行していく上で必要な知識やスキルを随時伝え, 後輩教員を育成します。単発的なアドバイスではなく, 計画的な育成が図られるよう, 育成する教員と育成される教員のペアをはっきりさせておくこと等が考えられます。

また, 周囲の他の教員と日常的に相談する場をもつことも大切です。通級指導の担当者は, 学校内ではその専門性から, 指導内容や方法についての悩みを通常の学級の先生方と共有することが難しいことがあります。同じ通級指導の担当者である教員とは, 積極的に報告・連絡・相談を行う場をもつようにしましょう。

研修への参加

それぞれの教育委員会では, 様々な研修が行われています。課題に応じて研修を選択し, 自己研鑽に役立てるようにします。以下のような研究組織もあります。専門性を高めるため, 情報収集に努めましょう。

①全国情緒障害教育研究会

情緒障害児の教育研究及び福祉の増進を図ること, 全国の情緒障害数百団体の相互の連携を図ることを目的としています。年1回全国大会が行われ, 現在では自閉・不登校・学習障害・注意欠陥多動性障害等の子供の指導や処

遇について研究・実践・交流しています。

②全国公立学校難聴・言語障害教育研究協議会
　各県の研究組織体と連携を保ち，難聴・言語障害教育機関の指導の質の向上や子供が安定して指導を受けられる場の確保を目指しています。年１回全国大会が行われています。

③全日本特別支援教育研究連盟
　特別な教育的支援を必要とする知的障害等のある子供の教育を発展させ，実践研究を推進することを目的としています。全国大会や夏期セミナー，地区別大会等の研修会を行っています。

独立行政法人国立特別支援教育総合研究所

　我が国における障害のある子供の教育の充実・発展に寄与するため，昭和46年に設置されました。これまでの研究活動や研修事業，情報普及活動の一層の充実を図るとともに，国の施策や学校現場の喫緊の課題に対応しています。また，発達障害教育推進センターにおいては，発達障害教育に関する理解啓発や支援の充実を図るためのセミナー等を開催したり，情報収集・発信に努めたりするなど，早期からの一貫した支援体制の構築に向けた課題の解決に向けて諸活動を行っています。また，研修事業において，免許法認定通信教育を実施しています。特別支援学校教諭の免許状を取得するための一助となっています。

書籍の活用

　現在では，特別支援教育に関する様々な書籍が刊行されています。また，インターネットにも参考となる様々な情報があります。
　「特別支援学校教育要領・学習指導要領」や「同解説」，文部科学省の「教育支援資料」「障害に応じた通級による指導の手引」等，文部科学省のHPでダウンロードできるものもあります。これらを活用し，自己研鑽に努めるようにしましょう。

Question 25 在籍学級との連携

どのタイミングで在籍学級の様子を見に行ったり，担任と話すとよいですか？

担任と話す

①話の内容を整理する

休み時間といっても，担任は授業の準備の他に，あらゆる対応に追われています。清掃や給食の時間であっても子供の指導中です。そのため，用件を明確にしておきます。相談なのか，連絡なのか，確認するだけなのか，それによってどの程度の時間がかかるのか，また，担任とコンタクトをとるためにはどのような方法が適切かを考えます。長い時間，担任を拘束することのないよう準備しておきます。

担任の先生との打ち合わせの様子

②伝える方法を考える

- いつ…子供の登校前／休み時間／放課後／給食や清掃時間／空き時間／長期休業中／あらかじめ年間計画に設定した面談
- 方法…電話／学校間メール／指導の連絡ファイル／メモ／管理職や特別支援教育コーディネーターを通した連絡

③伝える前に考える

- 書いて知らせたほうがよい用件か，口頭で伝えたほうがよい用件か
- 緊急の用件なのか，次回の指導までに伝わればよい用件か
- 事前に連絡をとったか
- 話す内容はまとまっているか
- 個人情報に配慮してあるか

在籍学級の様子を把握する

①行動観察から子供の課題や活躍できる場面を把握する

　子供の在籍学級での様子を知ることは，指導の方針や対応を考えるために必要です。子供の課題が表れやすいのはどのようなときかを事前に聞いておくようにします。観察場面は，授業時間だけではなく，休み時間や給食，清掃時間であることもあります。また，うまくいかない場面だけでなく，積極的に取り組める場面や活躍できる場面も併せて観察するようにします。

②通級指導の効果を確認する

　在籍学級での生活に通級指導が生かされているかを確認します。成果が感じられた場合は，次のステップへ進むことができます。課題の改善や状態の変容があまり見られない場合は，指導内容や方法の見直しが必要です。現在行っている指導が在籍学級で般化されているのか確認しましょう。

③在籍学級で必要な支援を考える

　在籍学級での様子を観察し，通級指導以外に他の支援体制の活用を考えなければならない場合もあります。子供への声かけや授業の進め方等に助言するため，在籍学級の授業にＴ２として直接に入ることも考えられます。

④担任に助言する

　担任から依頼され，子供への対応や声かけ，板書や指導方法等についての具体的な配慮を助言することもあります。子供の状態によって適切な配慮について提案し，担任とともに考えていきましょう。

⑤環境を確認する

　教室環境も大切です。掲示物の位置や大きさ，座席の位置や形態，明るさ，放送の音量，隣の友達や班の構成メンバー等，子供を取り巻く環境が望ましいものであるか確認します。

Question 26 在籍学級との連携

通級指導について在籍学級の子供にどのように説明するとよいですか？

学年や学級の状態に応じた伝え方

　通級指導を受ける子供は，発達年齢も障害の状態も様々です。通級指導を受けていることをどのように周囲に伝えていくか，よく検討する必要があります。状況に応じて，保護者や在籍学級担任と相談しながら，伝える内容や伝え方を考えるようにします。

　学級全体に伝える方法として，①担任が説明する，②通級指導担当教員が説明する，③本人が自分で説明する，④保護者が説明する，⑤保護者会の場で伝える等が考えられます。

　子供によっては周りからどう思われているかを気にすることもあります。本人や保護者とよく相談し，了解をとった上で伝えるようにします。

保護者との連携

　通級指導を受けていることを在籍学級にどのように伝えていくか，通級指導開始の面談で保護者の気持ちを聞くことが大切です。保護者にも，子供にも，障害についてそれぞれの考え方があり，その考え方を尊重することは重要です。低学年では子供が教員に意思を伝えづらい場合もあり，どのように他の子供やその保護者に対して説明するとよいのか，子供の気持ちを保護者に確認してもらうことも必要です。また，保護者から説明することにした場合，保護者会等で自分の子供の困難さや通級指導を受けていること等を説明いただくことも考えられます。

　保護者の考えをよく把握し，今後の連携につなげていくことも大切です。

在籍学級担任と連携した環境の整備

　学校では，多くの時間を在籍学級で過ごします。そのため，在籍学級を抜けて通級指導教室で指導を受けることへの抵抗感がないような環境づくりを担任に行ってもらうことが大切です。通級指導を受けている友達に対して，学級全体で応援するような雰囲気づくりや，友達の困難さを受け入れる思いが生まれるような学級経営が必要です。「みんなにも苦手なことがあると思うけれど，そうした自分の苦手なことに取り組むために，通級指導教室で勉強する人もいます」など，説明の仕方を具体的に考えるようにします。通級指導について誤解のないよう説明するために，細心の注意が必要です。

　子供の発達年齢や在籍学級の状態を考慮し，説明する内容やタイミングを考えなければいけません。通級指導の場でも，自己理解を深めることの一つとして子供と話し合い，それを担任に伝えていくことが可能です。伝える際の在籍学級の様子，また，伝えた後の様子も注意深く把握し，子供の関係に変化がないかも見守るようにします。

一人一人の違いを受け入れる学級づくり

　子供が意欲的に通級指導を受けられるようにするために，通級指導を受けていることを在籍学級で理解してもらうにはどのように説明したらよいかということは大きな悩みの一つです。担任とよく相談し，通級指導の具体的な内容や，障害の特性について理解してもらいたいことを整理します。学校側だけの思いではなく，保護者の気持ちを聞くことを大切にします。子供の発達段階や状態等を考えて，通級指導を受ける子供が，周囲の友達に通級していることを伝えてもらってよかったと思えるよう，伝えた後もフォローしていくことが大切です。

　また，在籍学級における通級指導を受けている子供についての理解は，担任の日頃の学級経営にもかかわります。普段から，一人一人の違いを受け入れる学級づくりが必要ですが，そこに通級指導の担当者として加わることができるとよいでしょう。

Question 27 在籍学級との連携

通級指導の内容を在籍学級で生かすにはどのようにしたらよいですか？

情報の共有

　通級指導で行ったことを在籍学級で生かしていくには，担任と通級指導の担当者とのよりよい信頼関係，緊密な連携が大切です。

　通級指導では，子供の状態から長期的な目標をもち，日々の状態がどうであるか等の情報を在籍学級の担任と共有します。

　その際，苦手なところばかりではなく，得意なところに目を向けることも大切です。子供の小さな変化に着目し，担任に子供の変化を具体的に感じてもらえると，通級指導で行った指導を試してみようと考えてもらえます。改善されてきた点やよくなった点を話題にすることで，担任と通級指導の担当者の連携も緊密になることが期待されます。

　一方，担任が通級指導について正しく理解していないと，互いの指導内容について共有していくことができません。通級指導の担当者は，担任とよく連携し，指導やかかわり方を共有してともによりよい支援をしていきたいことを伝えるようにします。

スモールステップによる課題設定

　担任は，在籍学級における具体的な支援の方法に困っていることがあります。通級指導では，在籍学級で生かせるような手立てを探り，課題設定をスモールステップで行うことが効果的です。

　子供は生活環境によって様子が異なることがあり，その背景には，いくつかの要因が考えられます。そこで，在籍学級での様子を観察したり，担任と一緒に子供が困っている要因を分析するなどして状態を把握します。在籍学

級での状態を共有することで，在籍学級で生かせる課題設定ができます。

　課題を設定していく場合には，スモールステップで設定するよう心がけます。スモールステップに設定することで，子供自身が苦手なことや困難なことに対して達成感をもちやすく，意欲的に取り組めるようになります。

在籍学級で実践できるようにフィードバック

　通級指導で成果があったことは，在籍学級で担任が実践できるようにフィードバックします。通級指導で学習した内容を担任に伝え，認めてほしいポイント等を具体的に伝えます。担任から認めてもらうことは，子供の自己肯定感を高め，さらなる意欲につながります。

　フィードバックの方法は，様々なものが考えられます。担任・保護者・通級指導の担当者の三者による，通級指導の指導記録や在籍学級，家庭での様子などを記入して回覧する連絡ファイルの活用，面談，個別の指導計画の共有等です。休み時間や放課後のちょっとした時間に情報交換するのもよいでしょう。

　子供に対する声かけの仕方を統一したり，通級指導で行ったことの中で有効だった手立てや，在籍学級でも実践してほしいポイント等を伝えたりします。一定期間その方法を試してもらい，改善が見られたかどうかを評価するようにします。状態が変容しない場合は担任と情報を共有し，個別の指導計画の目標の見直しや修正を行っていきます。

次のステップへ

　成果が見られた場合には，さらに次のステップへつなげていきます。その際も，子供の様子を見ながら取り組むことが大切です。スモールステップで一つずつ，子供の困難さや課題を考え，得意なことも生かしつつ，状態の改善に向けて担任と一緒に考えていくようにしましょう。評価する際には，子供自身にもフィードバックし，次のステップへ進むことを伝えて，目標をともに考えていくことも効果的です。

Question 28 在籍学級との連携

在籍学級・通級・保護者の連絡帳にはどのようなことを書くとよいですか？

連絡帳の役割

　指導の効果を上げるために，担任や保護者と密に連絡をとることはとても大切です。しかし，直接話をする時間が十分ではないため，連絡帳を活用することも一つの方法です。通級指導で行われる自立活動の内容は，教科指導と違ってなかなか理解しにくいものです。連絡帳は，通級指導が子供の状態の改善を図るためにどのようなねらいで行われているのかを担任や保護者に分かるように記入します。また，子供によっては在籍学級や家庭では見られない姿を見せる場合もあります。連絡帳を通して，授業のねらいや子供の新たな一面を担任や保護者が共有できるようにします。

通級指導中の状態についての記入

　マイナスの面ばかりでなく，プラスの面や成長した面に着目して記入することが大切です。子供によっては，在籍学級で不適切な行動が目立っていても，通級指導の中では適切な行動につながることがあります。そうした場合には，適切だった行動を書くとよいでしょう。担任や保護者が，子供の成長した点を通級指導の担当者と同じ視点で認めることができます。担任や保護者からも認められることで，子供の自己肯定感が高まり，自信をもてるようになります。

在籍学級や家庭で試してほしい手立ての記入

　在籍学級や家庭で試してほしい具体的な手立てを伝えることも，連絡帳の役目の一つです。通級指導で様々な手立てを試みると，子供の状態によい変

化が表れることがあります。通級指導は限られた時間なので，通級指導の場だけではなく，子供の状態の改善につながる指導を在籍学級や家庭で継続することが大切です。具体的な手立てがあれば，担任や保護者も状態の改善に向けた連携を行いやすくなり，在籍学級での般化に向けた一歩となります。

保護者との意思疎通

　連絡帳には，保護者からの疑問や質問が記入される場合もあります。その際には，迅速に回答します。内容によっては，直接話をするために電話や面談を行います。疑問や質問は保護者からのSOSのサインであると捉え，その思いを真摯に受け止めることが大切です。

連絡帳の具体例

①上手な話の聞き方
　教員の顔を見て最後まで話を聞くことができ，「お話をします」と話し始めを明確に示すと，すぐに身体を教員に向けることができました。
②上手な話し方
　お手玉を使って会話の流れを視覚的に示すと，順番に，交代で話すことができました。
③不安や怒りの上手な対処
　勝負で負けたときに悔しくて泣いていましたが，気持ちの温度計を使って自分の怒りや悔しさを数字で表すと，自分の状態に気付くことができ，落ち着いて切り替えることができました。
④自分の感覚への気付きと表現
　実際にそれぞれの子供に物を触らせて，好きな感触か嫌いな感触かを黒板にまとめました。人によって好き嫌いが分かれていることに気付きました。
⑤短なわとび
　つま先だけで跳ぶ練習や，タオルを使って手首を動かす練習をしました。その後に練習した動きを意識させて短なわとびを跳ばせると，上手に跳ぶことができました。ぜひご家庭でもつま先跳びを試してみてください。
⑥ボール運動
　教員が手を添えてボールの投げ方を確認すると，スムーズに腕を振ることができ，ボールを遠くへ投げることができました。
⑦ルールのある遊び
　板書でルールを確認してから活動をすると，ボールが当たったらコートの外に出るというルールを守ることができました。活動前にルールを視覚的に示すと，指示通りに動けるかもしれません。ぜひご家庭でも試してみてください。

Question 29 在籍学級との連携

担任との面談ではどのようなことに配慮するとよいですか？

在籍学級と通級指導教室での様子についての情報交換

　通級指導を受ける子供たちの状態を改善していくために，担任から在籍学級での日常の様子を具体的に聞くことが大切です。どのような場面で困っていたのか，前後関係についてもよく聞き取ります。子供の苦手さや困難さがどのような形で表れたのかを知り，通級指導に生かしていくことが必要です。また，通級指導の様子や，在籍学級，家庭での出来事について子供と話した内容も伝えます。しかし，担任と話す時間は十分にとれないこともありますので，効率よく話し合いができるように工夫します。登校前の時間や休み時間，給食中，放課後等，状況に合わせて話し合う機会を設けるようにしましょう。それでも難しい場合には，指導の様子を伝える日誌（連絡帳）を活用したり，個人情報保護に留意した上で，メモやメールを使って連絡を取り合うことも考えられます。

子供の行動の背景

　在籍学級と通級指導教室での様子について情報交換した上で，子供の苦手さ，困難さが表れる原因や背景を推測します。在籍学級の集団の中では集中して学習に取り組むことが難しい子供でも，個別学習では集中できるかもしれません。不得意な活動では自信がなくても，得意な内容では自信をもって取り組めるかもしれません。推測される原因を複数の視点から考えることが必要です。また，子供自身の言い分をよく聞くことも大切です。それらの情報から，子供がとった行動にだけ着目するのではなく，その背景にある原因も考慮して，通級指導の内容を選定していきます。

目標の共有

　個別の指導計画を作成するにあたって，日々の担任との話し合いは重要です。担任がその子供に対してどのように成長してほしいのか，また，通級指導の担当としては何を目標とするのか等について相談します。そのような相談を通して，学期ごとの短期的な目標や，在籍学級への適応を目指した長期的な目標を共有することができます。

　通級指導を受けている子供たちは，苦手さを解消するためにスモールステップで課題に取り組んでいます。どの程度のステップに分けるかなどを担任とともに考えられると，在籍学級でもよりよい支援の形が目指せます。

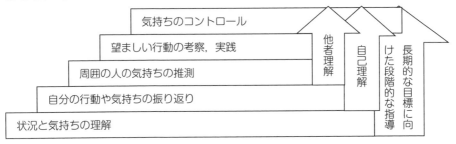

例：気持ちをコントロールして行動することを目標にした指導の段階分け

障害の特性についての理解

　通級指導を受けている子供たちは，在籍学級の中で「うまくいかない」経験をしています。認められることよりも注意されることが多かったり，周囲と自分とを比べたりして自信を失っていることも少なくありません。通級指導の担当として，子供のうまくいかない理由や原因を把握し，子供の特性を適切に担任に伝えることも大切な役割の一つです。

　アセスメントや通級指導で把握した子供の特性を踏まえて，苦手さが予想される場面を伝えることで，担任が配慮したり子供の行動を認めてあげたりすることができます。通級指導で効果のあった指導方法や配慮等は，在籍学級でも取り入れてもらえるように伝えます。担任と通級指導の担当が子供の特性をよく理解して指導にあたることが，連携した指導につながります。

Question 30 在籍学級との連携

通級指導をすすめるにはどのようにしたらよいですか？

■ 担任から保護者にどう伝えたらよいか相談された場合

①担任と保護者の信頼関係づくり

　担任との初めての面談から「学校で困っています」という話し方では，保護者は悩んでいることなどを話しづらくなり，逆に「どうして学校では○○してくれないのか」「学校でうまくいかないのは担任の指導のせい」など，担任に対して気持ちが閉ざされてしまいます。

　まずは保護者の話を，学校に対する期待も含め，よく聞きます。保護者の立場に立ち，これまでの子育ての苦労等をねぎらい，共感しながら，記録を基にした事実を客観的に伝えるようにします。その際，問題行動だけでなく，よい面や努力している面についても必ず触れるようにします。結論を急がずに，保護者とともに考える姿勢を貫きます。

②学年主任や特別支援教育コーディネーター等の同席による面談

　学年主任や特別支援教育コーディネーター，スクールカウンセラー等に同席してもらいながら保護者と面談を行うことも考えられます。学校は組織的に対応し，学校全体でその子供のことを考えていることを理解してもらうようにします。

③専門家の活用

　各自治体や学校では，専門家が巡回して相談にあたる制度等があります。

　そうした専門家からの助言を活用することも考えられます。保護者は障害や心理の専門家から助言を得ることにより，次の支援のためのステップに進む判断材料にできる場合もあります。

④継続的な相談

　一度面談したら終わりではなく，むしろ面談を行い保護者の心情も理解できたことで，保護者とのより深い連携が始まります。通級の支援を受けることには抵抗があったとしても，機会を捉えて相談を続けていきます。

保護者から相談があった場合

　保護者から通級指導について相談を受けたときも，まずは相談してきた保護者の思いを受け止めてよく聞きます。その上で，事実を客観的に伝えることが大切です。どのような支援が必要なのか保護者とともに考え，信頼関係を築いていくという姿勢でコミュニケーションをとり，子供にとってよりよい手立てを考えていくようにします。

　時として，保護者から「自分の子は発達障害なのか」「自分の子は通級指導を受けたほうがよいのか」等相談され，医師でも心理の専門家でもない教員の立場では明言できないこともあります。そういった場合には，適切な機関を紹介するなどの対応をとりましょう。

学校内における，組織的な対応について

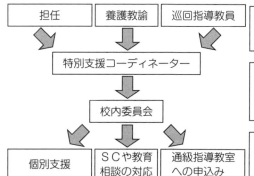

　校内での組織的な手順を踏んで通級指導を申し込むことになった場合，教育委員会の就学支援委員会等の判定会に向けて，手順に沿って計画的に準備をしていきます。

Question 31 在籍学級との連携

通級指導の終了はどのように考えたらよいですか？

指導終了に向けて

通級指導では，子供が社会性のスキルを学び，それを在籍学級で生かしていくことができるようにします。指導開始の頃，「どうせ，できない」「誰も自分のことを分かってくれない」と否定的な感情をもっていた子供が，小集団指導や個別指導を重ね，担任から注意されることが少なくなったり，学習に前向きに取り組めたり，友達とのトラブルが少なくなってきたりすると，自分に対して自信をもてるようになってきます。自分に対して自信をもち，失敗しても再度挑戦しようとしたり，人を信頼して自分が困ったときに助けを求めたりすることができるようになれば，在籍学級の中でも安心して自分らしく生活できるようになるでしょう。

このような状態に近付き，子供自身の力を発揮できることが増えてきたら，通級指導の終了を考えてよい時期です。

四者の共通理解

子供に対し，「状態の改善が見られる」「以前より在籍学級での適応が進んだ」といった評価ができるようになったら，通級指導の終了の時期を具体的に考えていきます。

担任や保護者と相談し，指導終了の時期や指導終了までの準備等について具体的に進めていきます。通級指導の担当者，学校（管理職，特別支援教育コーディネーター，校内委員会等），子供本人，保護者の

面談の様子

四者で共通理解を図りながら進めます。子供本人にも，通級指導の終了の見通しを伝えることが必要です。

　通級指導の担当者と担任が指導終了間近であると判断しても，子供本人や保護者の不安があったり，通級指導の場では状態が改善しても在籍学級ではまだ改善が感じられにくかったりする場合もあります。通級指導を終了しても大丈夫という気持ちをもたせていくように丁寧に相談を進めます。子供が抵抗感なく指導終了に向かうために通級での目標を再確認したり，指導終了への心構えを話し合ったりする時間をとることも必要になってきます。

意思確認の順序

　指導終了まで，共通の認識をもって指導を進めていくためには，実際に終了となる半年くらい前から話題にしていくようにします。また，指導開始の際，指導終了というゴールを設定し，計画的に指導にあたることを保護者や担任に伝えておくことも大切です。

　学校での困難さがある子供もいれば，家庭での困難さがある子供もいますので，指導終了についての意思確認については慎重に行います。状況によっては通級指導の担当者，担任，本人，保護者の四者で面談を行ったり，特別支援教育コーディネーターやスクールカウンセラー等にも面談に同席してもらったりするとよいでしょう。指導終了について，共通理解をしておきます。

指導終了のその先

　指導終了の時点では状態の改善が見られても，子供の障害の特性がなくなるわけではありません。指導が終了しても，支援や配慮は必要であり，学校や家庭における支援体制が必要です。学校としての支援体制が整っていれば，子供の状況に応じた通級指導以外の支援を活用することができます。学校や家庭における支援者の力も借りて，指導終了を迎えられるようにしたいものです。

Question 32 保護者との連携

保護者との面談はどのように進めたらよいですか？

通級開始時の面談について

　通級指導を開始する際に，保護者からは次のようなことを聞き取り，保護者との情報共有を図りながら指導方針を検討し，指導の手立てに役立てるようにします。

①主訴：学校や家庭で困難を感じていること
②興味関心：学習以外でも得意なことや集中できる好きなこと
③通級指導開始までの経緯：通級指導を受ける確認，それまでの経緯
④学校での様子：保護者の視点からの学校の様子
⑤家庭での様子：睡眠時間や食事等の基本的な生活の様子
⑥生育歴：これまで育ってきた環境，受けてきた療育や医療
⑦特別支援教室への期待：どのように成長してほしいか，要望や希望

　通級指導の担当者からは，次のようなことを説明します。

①指導の目的：主訴に沿って課題の改善に努めていくこと
②指導時数：年間の見通しをもたせるための指導時数の目安
③状態の改善を目指すこと：子供の障害の特性と状態の改善
④長期目標：年間の指導計画と見通し
⑤短期目標：長期目標達成のための学期程度のめあてと見通し
⑥手立て：学んだことを在籍学級で般化できるような手立ての共通理解
⑦指導終了の目安：指導終了までの見通し

　最初の面談で保護者と信頼関係を築いていくことが大切です。子供に表れている困難さは自分の子育てが原因だと気持ちが落ち込んでいる保護者もいますので，保護者の側に立ち，それまでの子育てを認めることが大切です。

定期的な面談について

保護者とは定期的な面談を行い,子供がどのように変わったか,次のようなことを具体的に共有していきます。

①学習内容・手立てとその成果:子供の現状や成長したこと
②学級担任からの話:現在の課題や今後の見通し
③個別の指導計画の報告:主訴に対しての手立てや成果
④指導終了の見通し:指導終了の目安
⑤指導の経過:今後の指導の見通し

例えば,「Aさんは今学期,聞き取りワークを中心に行ってきて,聞いて理解する力がだいぶ身についてきました。しかし,ワークシートがないと在籍学級でも先生の話を聞き取ることが難しい状況があります。そこで次学期は,はじめはワークシートを使い,徐々にそのシートを減らしていき,なくても大丈

保護者面談の様子

夫になるように段階的に指導をしてみようと思います」と説明します。担任と連携しながら進めることについて,次学期の目標や指導内容を具体的に伝えながら,保護者の理解を得るようにします。保護者と在籍学級,通級指導の三者で継続的に共通理解を図っていることを示します。

面談で大切なこと

面談で大切なことは,保護者・担任・通級指導担当者の共通理解であり,三者が連携を図りながら同じ目標に向かっていくことが重要です。面談では,「傾聴」の姿勢が必要です。自分の思いを聴いてほしいという気持ちは,誰もがもっています。「この先生は私の話を聴いてくれる」と感じてもらえることは,「自分の子供の話や思いも,この先生なら理解してくれる」という信頼関係につながります。子供が変容していく背景には,保護者と共通理解がなされていることがとても大きく関係してきます。

Question 33 保護者との連携

保護者の心情を理解するにはどのようにするとよいですか？

保護者との共通理解

　指導をより効果的なものにするためには，保護者との共通理解が必要です。より適切に子供を捉え，保護者と共通理解をもつことで，家庭と通級指導，在籍学級との連携が深まり，子供が成長していきます。しかし，保護者と担当者で子供の捉え方が異なることがあります。保護者とのやりとりを通して，保護者の気持ちを受け止めながら，徐々に信頼関係を築き，互いに考えを伝え合うようにします。保護者がはじめに話したことを額面通りに受け取るだけではなく，保護者を取り巻く周囲の環境やそれまでの生育状況等についても考慮します。面談用紙に事前に記入されたものをもとに相談を進めましょう。

情報収集の仕方

　保護者の相談したい内容や課題について，具体的に聞きましょう。
　特に，保護者が悩んだり不安に感じたりしていることは，保護者自身が思ったことなのか，あるいは担任や他の人から言われたことなのか，保護者自身が気になって調べたことなのかも把握するようにします。
　また，通級指導の開始時に指導計画を作成するにあたり，生まれたときからの成長過程について，具体的なエピソードを保護者から聞き出していくことが大切です。担任からの伝聞ではなく，直接保護者と話して聞くようにします。どのように子供の状態を捉えているのか，実際に子供の困難な場面を見ているのか，家庭での様子はどうなのか，思い当たるエピソードが生育歴の中にないかを探っていきます。そうすることで，いつ頃から子供の状態に気付き，悩んでいたのか等が分かってきます。その際，保護者が子供に対し

てとった対応も聞くようにします。

　例えば，就学前のことであれば，１歳児健診や３歳児健診などの定期健診時に子供の状態について指摘されたのか，乳児期から気になり保健師等に相談したことがあるのか，指摘はされていたが一時のことと捉えていたのか，他の医療機関や相談機関に相談したことがあるのか等です。

　生育歴（乳幼児期からの発達の状況）や教育・相談歴，家庭での状況，関係機関についても把握し，保護者が子供にどのように接してきたのかも聞くようにします。育てやすい子であったのか，子育てに苦労したのか，家族の協力は得られていたのか等のことが保護者から話されるようになると，信頼関係も築かれるようになったといえるでしょう。保護者に不安感を与えないように相談を進めます。

達成可能な指導目標の設定

　指導目標を検討する際には，具体的に困難な状態を聞き，在籍学級での様子や検査結果と照らし合わせていきます。学校生活や家庭の様子から，学習面や行動面について，課題と思われることだけでなく，興味・関心のあることも合わせて整理しましょう。具体的な情報を得ることで，子供の状態に即した指導目標を設定することができます。

指導目標の具体例
・友達と一緒に活動することができる。（集団行動に参加することができる。）
・周囲の雰囲気や場の状況に応じて行動することができる。
・自分の考えや気持ちを言葉にして表すことができる。
・相手の立場に立って考えることができる。
・新しいことや予想外のことに対して経験を生かして取り組むことができる。
・身体のバランスを保ったり，力の調整をしたりすることができる。

　保護者や学校が目指したい姿が現在の子供の状態に対してどの段階であるのか，１年後に目指していけそうな具体的な指導目標を考え，スモールステップで指導内容や方法を保護者とともに考えるようにしましょう。

Question 34 保護者との連携

保護者に通級指導の内容をどのように説明するとよいですか？

通級指導の対象となる子供

　通級指導の対象となる子供については，平成18年４月より学習障害者及び注意欠陥多動性障害者が新たに対象となり，発達障害等のある子供に対しても，一人一人の状態に応じた個別指導や小集団指導等の特別な指導をきめ細かに行えるようになりました。

　通級指導の対象となる障害は，通常の学級に在籍する，おおむね授業に参加でき一部特別な支援を必要とする，言語障害，自閉症，情緒障害，弱視，難聴，学習障害（LD），注意欠陥多動性障害（ADHD），肢体不自由，病弱，身体虚弱等の子供です。通常の学級に在籍する子供のうち，これらの状態を改善又は克服を目的とする自立活動の指導が必要とされている子供が対象となります。

　具体的には，次のような状態があった場合が対象として考えられます。

・授業中に立ち歩く。
・すぐに怒ってしまう。
・座っている姿勢がくずれてしまう。
・つめかみやチックが見られる。
・コミュニケーションがとれない。
・集団行動になじめない。
・集中し続けることが難しい。
・特定の物や順序にこだわってしまう。
・読む，書く，聞く，計算する等の中の特定部分が極端に苦手である。
・相手の立場になって考えることが難しい。
・新しいことや予定外のことがあると混乱してしまう。等

指導内容

週１単位時間から８単位時間程度の自立活動を中心とした指導を行います。自立活動は，子供一人一人の障害による学習上又は生活上の困難等を改善・克服するための指導です。自立活動の内容は，人間としての基本的な行動を遂行するために必要な要素と，障害による学習上又は生活上の困難を改善・克服するために必要な要素で構成されています。特別支援学校の学習指導要領で定められた27項目を６つの区分に分けて指導しています。

通級指導では，子供の状態に応じ，小集団指導や個別指導の形態で指導を進めています。子供が自信をもって在籍学級で取り組み，自分の力を発揮できるようになることを目指します。

【小集団指導】

小集団指導では，集団活動に参加するためのスキルや態度を養ったり，コミュニケーション能力の向上や運動・動作の改善を図ったりします。

- コミュニケーションの指導では，ロールプレイや寸劇を通して，社会性についての学習をします。学習したことについて，協同作業や話し合い活動を通して定着を図っていきます。
- 身体の動きに関する指導では，主に姿勢や運動・動作の基本的技能を身につける学習を行います。体幹を鍛える運動，身体の粗大運動や微細運動を行い，身体調整力やバランス感覚等を高めるようにします。

【個別指導】

個別指導では，一人一人の子供の状態や発達に応じた課題を個別に学習します。具体的には次のような内容があります。

- 在籍学級での生活を円滑に送るための指導
- 通級指導での小集団の活動を円滑に行うための指導
- 人とのかかわりに関する指導
- 自己の特性の理解
- 読んだり聞いたりする指導
- 円滑に身体を動かせるようにする指導
- 身辺整理に関する指導
- 教科に関連した指導　　等

Question 35 保護者との連携

保護者との信頼関係を
どのように築くとよいですか？

保護者の話に耳を傾ける

　子供が通級指導を受けるようになるまでの間，保護者はつらい経験をしている場合もあります。そのようなときには，保護者の側に立ち，まずはその気持ちを十分に受け止めることが大切です。保護者の話をよく聞き共感することは，担当者への安心感や信頼感につながります。

　話の聞き方としては，「〇〇だったのですね」など，保護者が話したことを繰り返したり，「それはつらかったですね」など，そのときの気持ちを共有したりすることが大切です。

　また，「自分の子育てがだめだから，子供がこんな風になってしまった」と，自分を責める保護者も少なくありません。子供のよさを伝えるとともに，保護者が努力してきたことを認める言葉かけを工夫しましょう。気持ちが楽になり，前向きな子育てにつながります。

保護者を信頼する

　保護者はみな，子供のために努力しています。自分の子供のためと思えばこそ，通級指導を受けるに至るわけですから，そのような保護者の気持ちを尊重するようにします。通級指導で担当する子供の保護者とは，ともに子供の成長を願う者同士，手を携えて子供の成長を見守り，同じ方向性をもち，互いの信頼関係に基づいて指導を進めていきます。

他の関係者の力を借りる

　保護者との面談において，背景が分からず対応が難しい場合や，質問に十

分に答えられない場合には，即答せず，状況を確認してから後日その内容を伝えたり，担任や特別支援教育コーディネーター，スクールカウンセラー等に同席してもらったりすることも考えられます。子供の日常の姿を把握している支援員等から様子を聞くのも一つの方法です。また，面談が円滑に進まない場合には，他の教員に相談するとともに管理職にも報告することが大切です。必要があれば，面談時に管理職にも同席してもらいましょう。

保護者に対する子供への効果的なアドバイスの例

- **楽しかった話を引き出す**

  自己肯定感が低くなっている子供は，嫌なことや失敗体験ばかりが強く残ってしまい，せっかく楽しいことや成功したことがあっても，それを経験として自分に残していくことがなかなかできません。そのために自信がなく，様々な課題に前向きに取り組めなくなってしまいます。そこで，一日一つでもよいので，楽しかったことや，やり遂げたこと等を子供に話してもらうようにします。自分にとってプラスの出来事が記憶に残るようになると自己肯定感も高まり，様々なことに前向きに取り組めるようになります。

- **できないことを親子で一緒にできるように**

  片付けをやらないからといって，「やりなさい！」と叱り続けても，できるようにはなりません。片付ける方法が分からなかったり，片付けようという意欲が湧かなかったりするからです。一緒に片付けてもらうことで，少しずつやり方に慣れ，片付けようとする気持ちも湧いてくるものです。お母さんと一緒にやったらできた……というような成功体験が大切です。

- **認めることを大切にする**

  「うちの子，褒めることが一つもないのです」と言うお母さんがいます。そのようなときには，無理に褒めなくても，今できていることを笑顔で認めるだけで子供の反応は違います。「よい姿勢だね」「この漢字きれいに書けているね」など，他の子供にとっては簡単にできるようなことでも，認められることで充実感をもち，次の課題への意欲につながります。その子供なりの小さな成長を認め，喜んであげることが大切です。

Question 36 保護者との連携

保護者に子供の様子を
どのように伝えるとよいですか？

事実を伝える

　教員の主観や推測ではなく，ありのままの事実に沿って伝えることが大切です。子供の様子は，改善すべき面や苦手な面ばかりでなく，得意なことやよい面も把握して伝えるようにします。保護者に連絡するのが問題があったときばかりでは，信頼関係を築くことが難しくなってしまいます。

具体的な手立てを伝える

　子供の様子を保護者と共有した後は，どのような対応の仕方が考えられるか，どのように対応したらよいか等，具体的な手立てを伝えます。「しばらくしたら落ち着きました」よりは，「目を閉じて10数えさせたら落ち着きました」の方が伝わります。「大事な話をするときには，個別に声かけしてから全体に指示を出すと聞き逃しが減りました」「書き始めの場所を確認してから練習したところ，字形が整ってきました」のように，効果があった手立てを具体的に伝えましょう。漠然とした内容では相手に伝わりません。「どうやって対応したのか」を具体的に伝えることが大切です。

保護者の不安を理解する

　保護者は，通級指導がどのように生かされるのか，子供が学校や社会で適応していくことができるようになるのかについて不安を感じています。特に，通級指導を開始したばかりのときは不安も大きいものです。また，特別な場で指導を受けることに抵抗を感じている保護者もいます。
　通級指導の担当者は，保護者の心情をよく理解することが必要です。担当

者からの情報発信も大切ですが，保護者の気持ちや立場を大切にし，保護者からの情報発信を受け止める「傾聴」の姿勢が大事です。保護者の話の中で，指導のヒントにつながることが見つかります。

寄り添い見守っている姿勢を伝える

子供の不適応行動は，「子供自身が困っている状態」と捉えると，保護者も受け入れやすくなります。この困った状態がずっと続くわけではなく，手立てを講じたり，周囲の理解が進んだりすることで解決していくことが多くあります。そうしたことも伝えるようにします。

連絡帳で伝える

文章ではうまく伝わらず，書き方によっては思わぬ誤解を招いてしまうことがあります。難しい言葉はできるだけ避けて，読みやすく丁寧な文字で書くようにします。文章にする際には，他の教員にも相談し，確認してもらうことも必要です。書くことと話すことを使い分けて伝えます。

電話で伝える

状況によっては，電話で伝えることもあります。的確に伝わるよう，要件をまとめたメモを用意するようにします。電話をかける際には，時間帯を考えたり，相手が聞き取れるように話したりすることを心がけましょう。顔が見えないので，話の内容に気を付けるようにします。

面談で伝える

面談の目的に合わせて，「何を伝えるのか」「何を聞くのか」を整理しておき，話の方向性についてある程度の見通しを立てておくことが大切です。通級指導の担当者と保護者の二者で面談を行った際には，話の内容によって保護者の了解を得た上で，担任に面談内容を伝える場合もあります。情報を共有することが大切です。

Question 37 保護者との連携

保護者からの相談には
どのように対応するとよいですか？

保護者の置かれた状態や心情の理解

　保護者は，我が子に対する心配から相談にくるものです。学校での生活は保護者には分からないので，不安も大きくなります。こうした保護者の心情に寄り添い，共感し，支援者としての役割を果たすことが大切です。そのため，保護者の気持ちを汲み，十分に話を聴くことが必要です。学校の指導に対する保護者の希望や悩みを傾聴し，共感的理解に努め，あたたかい人間関係の中で，保護者との信頼関係を構築しながら相談にあたるよう心がけます。

保護者面談の際の留意事項

　保護者と話を進めるにあたって，以下の事項に留意する必要があります。
- 保護者とよい関係を構築するように努める。
- 相談内容が深刻であったり複雑であったりする場合は，可能な限り直接会って話し合うようにする。日時を明確に約束し，複数の教員で会う場合は，保護者に対して事前に参加する教員を伝えておく。また，電話連絡の場合は時間に余裕をもち，一方的な話になったりしないようにする。
- 面談では，保護者が心を開いて話せる雰囲気をつくるために，静かで落ち着ける環境を設定する。
- 限られた時間の中で話をまとめるようにする。1時間程度で行い，解決しない場合は改めて相談の場を設けるようにする。
- 相談が単なる質問や調査に終わることのないよう留意し，保護者の気持ちや意向等を十分に聞くようにする。
- 保護者に不安や不快感をもたれないように留意する。子供の課題だけで

なく，よい面や成長した面を具体的に伝えることができるよう準備しておく。課題を伝える場合は，どのような指導や対応を考えているか等，前向きな話になるよう心がける。

具体的な話の聞き方

①つながる言葉かけ
いきなり本題から始めるのではなく，相談に来た労をねぎらったり，歓迎したりする言葉かけ，心をほぐすような言葉かけから始めます。

②傾聴
丁寧かつ積極的に相手の話に耳を傾けます。よくうなずき，受け止めの言葉を発するようにします。

③受容
こちらの言い分を話すのではなく，保護者のそうならざるを得ない気持ちを推し量りながら聞きます。

④繰り返し
保護者が言ったことを，こちらが繰り返すことにより，保護者も自分の言葉が届いているという実感を得ることができ，保護者も話しやすくなります。

⑤明確化
うまく表現できないものを言語化して，心の整理を手伝います。

⑥質問
質問は，話を明確化するときや意図が定かでないときに確認する場合，より積極的に聞いていることを伝える場合などに行います。

Question 38 専門家との連携

関係機関とどのように連携していくとよいですか？

関係機関との連携内容

通級指導を受けている子供やその保護者が納得する指導を行うには，一人一人を適切に理解し，何のために，どのように努力すればよいのかを具体的に示すことが大切です。そのためには，通級指導の担当者が，医療や福祉関係機関等の様々な分野の専門家と連携することが必要です。

外部の関係機関と連携する場合は，連絡する際に管理職や通級指導教室の主任に相談し，組織的に対応するようにします。

①指導に関する相談

個別の指導計画の作成や実際の指導について助言してもらうためには，教育相談所や特別支援学校のセンター的機能の活用等があります。そこに配置されている心理の専門家や作業療法士（OT），言語聴覚士（ST），視能訓練士等に助言を受けることも考えられます。

②医療に関する相談

子供が服薬している場合や医療機関でカウンセリングを受けている場合等，必要に応じて保護者の了解を得た上で，子供の状態等について医療機関と連絡をとることもあります。また，保護者からの相談によっては医療機関を勧めることも考えられます。

③家庭や養育的な相談

家庭の問題等，なかなか学校だけでは解決できないようなことは，児童相談所や家庭支援センター等の機関からの助言が必要なこともあります。それぞれの自治体で様々な支援体制があり，ソーシャルワーカーや福祉関係の相談員等との連携が必要な場合もあります。

関係機関の例

医療機関	公立病院	児童精神科や小児神経科における診断・相談・治療
	国立，都道府県立等の病院	
	民間病院	診断・相談・療育
相談機関	教育相談所	学齢期の教育相談
	特別支援学校のセンター的機能	障害に関する教育相談
	児童相談所	18歳未満の児童相談
	発達障害者支援センター	発達障害に関する相談
	民間の療育機関	相談全般
	親の会・NPO法人等	相談全般
支援・療育機関	放課後等デイサービス	障害のある子供が学校の授業終了後や学校休業日に通う，療育機能・居場所機能を備えた福祉サービス
	児童デイサービス／通所施設（福祉施設）	就学前の子供を中心とした集団療育，個別療育，発達相談，一般外来相談
	民間療育機関	各種療育
	親の会・NPO法人等	当事者団体の取組

専門家との連携

関係専門家と主な仕事

心理士	臨床心理学に基づいた知識と技術で援助する専門職。国家資格である認定心理士や日本臨床心理士資格認定協会の認定を受けている臨床心理士が代表的。
作業療法士（OT）	リハビリテーションの一つである作業療法を行う。身体の回復や精神状態の改善などを図り，社会的適応能力の回復を目的とする。国家資格。
理学療法士（PT）	身体に障害のある人へのリハビリテーション，理学療法を行う。
言語聴覚士（ST）	音声，言語，又は聴覚に障害がある人に対して訓練と，これに必要な検査，助言・指導に従事する。
視能訓練士	眼に関する機能を検査し，視力の問題，眼の病気，その他の異常を見つける。学校での視力検査，幼児の視力の発達検査，両眼視に問題のある人の視機能トレーニング，発達障害を伴う人の視機能トレーニング，ロービジョンの人の視力管理なども行う。

Question 39 用語ミニ解説

「感覚統合」とは何ですか？

> 「感覚統合」＝周りを取り囲む情報を感覚受容器（アンテナ）でチューニングして，身体の隅々に送り，行動につなげるシステム

　私たちは，意識できるもの，できないものを含めて様々な情報を身体の内側・外側にある感覚受容器でキャッチすると，「楽しい」「安心」「不安」「怖い」といった気持ちが生じてきます。そして，それが自分にとってよいものか，不快なものかを判断し，「今，ここで，何をするか？」のアイデアを閃かせ，自分の身体・運動機能に合った実行方法を計画し，その目的に沿って行動します。

　このような，受け取った感覚情報をまとめ，目的や意味のある行動につなげる一連のプロセスが「感覚統合（Sensory Integration：SI）」です。

感覚統合理論の中で特に重要視されている「感覚」とは？

①触覚　：安心して気持ちよく生きられるという「情緒の安定性」を形成することと深い関係性がある。また，触ったり口にしたりすることで，それがどのようなものなのかを識別し，適切な操作方法を選択するためにも必要。

②前庭覚：自分の身体を重力空間の中で安定させながら生きるために必要な感覚。バランス，姿勢のコントロール（筋緊張＝筋肉の張りの程度の調整），眼球の動きに影響。

③固有覚：筋肉の収縮や関節の動きに関わる感覚。前庭覚と密接に関係し，頭の中の身体の地図づくり，運動や作業の器用さ，力加減に影響。

　これらに「視覚」「聴覚」で情報が加わることで，協調運動の発達，目的

をもった行動，文字や言葉の学習……といった高度なレベルの発達が広がっていきます。しかし，①〜③がバラバラだと，「何をするにも時間がかかる」「すぐにパニックになる」「落ち着きがない」等，子供が困った状態になります。

感覚チューニング・システムに混線やエラーが起こっていたら？

周囲から見ると問題行動に見える言動は，その子の感覚情報の受け取り方や伝わり方にエラーが起きているからかもしれません。そのような困難さが表れている代表的な状態は二つあります。

①「感覚過敏」「感覚防衛」

日常生活の中で，多くの人が不快に感じないような刺激に対して過度の恐れや不安を抱いてしまう場合を「感覚過敏」と呼びます。その不快さを避けようとする結果，キレやすい，蹴る，叩く，大声を出す，パニックになる，一人でいることが多い……といった行動をとる状態を「感覚防衛」といいます。

対策としては，環境調整により「無理強いはしない」「クールダウンやストレスを発散できる活動を保障する」「他の安定しているアンテナから情報を補い，正しい情報が伝わるようにサポートする」といったことが有効です。

また，同じ種類・強さの刺激でも，そのときの身体のコンディション，覚醒状態，活動への興味関心などによって感じ方は変わります。「頑張ればできる」と思い込まず，子供に共感しながら，お互いが折り合いをつけられる着地点を見つけられるよう，協力してあげてください。

【事例1】集団場面でトラブルが多い子。強い偏食や，こだわりがある子。

人が多い場面でイライラ，そわそわと落ち着かない様子があったり，暴言や粗暴な態度で友達とうまくかかわれない子供，あるいは偏食やこだわりがある子供には，「触覚過敏による防衛反応」が考えられます。

対策としては，座席や整列時には列の最後尾にし，不意に周囲から触れられるかもしれない恐怖感から解放してあげることで，安心して活動に参加しやすくなる場合があります。

個別やペア，小集団活動といった環境調整も必要です。のりや粘土，絵の具等で手が汚れることが嫌で活動に参加しづらいのであれば，直接触れずにできるような道具選びやお手拭きの常備，作業工程の調整で工夫してみてあげてください。

　偏食も，食感や味を「自分にとって危険なもの」と脳が認識している可能性があるので，まずは無理強いしないようにしましょう。苦手な野菜を育ててみたり，調理方法の工夫や，実際に自分で作ってみる経験を大人と一緒にすることで，食への興味関心を育ててあげることも有効な場合があります。栄養バランスを自分で考えながら食事が摂れるようにビュッフェ形式にしてみたり，食卓で好みの味付けに仕上げるスタイルにすることで，家族と同じメニューを囲めるように工夫された事例もあります。

【事例２】聴覚過敏があり，強い口調が苦手な子。聴覚情報処理障害があり，話の聞き取りや会話，ノートの書き取りが苦手な子。

　まずは，話が聞き取りやすい座席を用意してあげましょう。次に，話し始めるときには合図を出してあげましょう。子供の注意が向いたら，これからいくつの大事な話があるかを予告し，「一つ目は……，二つ目は……，最後に……」と，いつまで注意を向けていればよいか，分かりやすく伝えてあげることが有効です。文字や図，矢印，行程表等の視覚情報もあわせて提示してあげると，いつでも自分で確認できるので，子供は安心します。また，伝える側も，何度も同じことを言わなければならないストレスから解放されます。

　その他にも，ノイズキャンセリングイヤホンやイヤーマフの装着，補聴システム・ワイヤレスマイクの使用で聞き取りやすくなる場合があります。

②「感覚探求行動」「センソリーニーズ」

　①とは逆に，感覚情報を受け取りにくく，強烈な感覚刺激やある感覚を貪欲に求めることを「感覚探求行動」といい，そのような感覚への欲求は「センソリーニーズ」と呼ばれます。感覚刺激の不足を補おうとセンソリーニーズが高まっているときは，叱る，注意することよりも，そのニーズを満たし，

かつ，周囲にも認められる目的のある活動に変換してあげることが有効です。

【事例３】授業中にじっと座っていることが苦手な子。鉛筆や服を噛む子。物を乱雑に扱う子。粗暴な行動が多い子。わけもなく奇声をあげる子。

いずれも比較的簡単な運動で，手軽に強い固有覚のニーズを満たすことができるため，「つい，やってしまう行動」である可能性があります。

エアークッションに座る，プリント配布係を任せる，授業前や合間にみんなでストレッチやジャンプなどの軽い運動をする，体育や休み時間に走る，相撲をとる，登り棒によじ登る，歓声をあげながら遊べる集団ゲームやスポーツをする，あるいは噛み応えのある食材をおやつや食事に取り入れるなどして，全身や口周りにグッと力が入るような活動を提供すると，ニーズも成功体験も保障してあげやすくなります。また，力加減をテレビの音量のように数値化して伝えるのも分かりやすいでしょう。他にも，例えばゆで卵の殻むき，トーストのバター塗り，お茶汲み，習字，動物の世話等，力加減で成功する体験を通して適切な力加減を学ぶ機会を用意してあげることも有効です。

■ 行動や問題を捉え直すために利用してほしいアプローチの一つ

日頃，全力を注いで向き合っておられる保護者や教員の方々でも，「何をしてもうまくいかない」ということがあるかもしれません。そんなとき，「感覚統合理論」の知識を利用して子どもとかかわってみてください。その子の強みを生かす方法に気付き，新しい方策を見つける手助けとなるでしょう。

また，一番困っているであろう子供自身にも，自分で自分に合った解決策を見つけ，成功をおさめられるように活用してほしいです。

〈参考文献〉
・佐藤剛・土田玲子・小野昭男編『みんなの感覚統合　その理論と実践』パシフィックサプライ
・Anita C.Bundy, Shelly J.Lane, Elizabeth A.Murray 編著　土田玲子・小西紀一監訳　岩永竜一郎・太田篤志・加藤寿宏・児玉真美・田村良子・永井洋一・日田勝子・福田恵美子・山田孝共訳『感覚統合とその実践』協同医書出版社

（寺島　美佳）

Question 40 用語ミニ解説

「ビジョントレーニング」とは何ですか？

ビジョントレーニングのねらいと視覚情報の流れ

　似たような文字を間違える，書いた文字が鏡文字になる，漢字の横棒が一本多い又は少ない，板書写しが苦手だったり，ボール運動や体操やダンスが苦手だったり……こんな子供はいませんか？　このような苦手さの背景に，視機能や視覚認知の問題をもつ子供がいます。ビジョントレーニングとは，このような子供のつまずきの要因となる視機能や視覚認知の問題を見つけ，改善していくトレーニングを指します。

　外界からの情報の取り入れの約8割は視覚情報からといわれています。読み書きが全体の多くを占める学校での学習において，大変重要な機能です。視覚情報の流れは，大きく三つのセクションに分けることができます。第一は入力部分であり，これは視覚情報が鮮明な状態で眼球を通り入ってくるセクションです。視力や両眼視機能，眼球運動などが関与します。第二は視覚情報処理で，目から入った情報が脳内でどのように，どれくらい正確に，どれくらい速く処理されるかというセクションです。形の情報，主に形の識別や大きさ，位置，傾き，向きなどの視知覚情報から，これまでの経験や記憶をそれら視覚情報と照らし合わせる視覚認知力が関与します。第三は出力です。書字や模写には目と手の協応が大きく関与します。イメージした文字や形が正確に書字や模写として表出できるか，又は見た文字が音の元となる正確な形として認知できていないと，正確に文字を読みあげることができません。

各セクションでの苦手さと課題

　第一のセクション・入力部分には，様々な機能が関与しています。視力に

問題があると，見ているものが鮮明に映し出されず，その形を弁別することができません。例えば近視があると，遠くのものにピントを合わせることができず，学校での学習場面では黒板が見えないこともあります。さらに発達特性がある子供の場合は，見えないものに関心をもつことが難しく，外界への興味が薄れてしまうことがあります。遠視は近くも遠くもピントを調節する必要があります。そのため，特にプリント学習などの作業を嫌がったり，長時間の作業では頭痛を訴えたりすることがあります。さらに，乱視が強くなると，同じパーツを使用する文字群に混乱が起きることがあります。例えば「も」と「し」や，「よ」と「お」などを誤読することがあります。

　両眼視は両眼のチームワークを指し，寄り目の力（輻輳力）と調節力が関与します。この機能に問題があると，ものがダブって見えることがあり，音読の際，どこを読んでいるか分からなくなったり，同じ行を読んだりすることがあります。さらに，ボール運動など，立体視が必要となる課題に苦手さを感じることもあります。エスカレーターでの昇降を苦手とするケースも多く報告されています。

　眼球運動は，視覚的注意力と密接に関係します。一点を見つめる力「注視」に苦手さがあると，課題に「楽に」，「長く」集中ができませんし，先生が指さしている箇所に目を向けることなどを難しく感じるかもしれません。

　「追従性眼球運動」に苦手さがあると，飛んでいる虫や飛んでくるボールに視線を合わせ続けることができません。教室では先生が空書する漢字の書き順を正確に追うことが難しいかもしれません。

　「衝動性眼球運動」は，読書と密接に関係します。この機能に苦手さがあると，単語として読むことが難しく，逐語読みになったり，同じ行を何度も読んでしまうような間違いにつながります。また，遠近の切り替えの苦手さを併せもつと，板書写しの苦手さにつながります。

　第二のセクション・視覚認知機能の苦手さも課題ごとに確認します。

「識別」　この機能に苦手さがあると，外界から視覚情報が鮮明に入っていても，形の基本的な情報を認知することができず，似た文字を間違える，定規

のメモリの読み取りの苦手さなどにつながることがあります。

「空間関係」 目で見た情報を頭で把握し，別の場所に位置を間違えず正確にトレースする能力です。見本を見て，漢字をマスの中に書く，グラウンドで全体を見て自分の場所を把握したりする際に必要な能力です。

「形の恒常性」 角度や大きさが変わっても，その形の特徴を把握できる能力です。例えば三角形について，その大きさが変わったり，頂点が下に移動したとしても，これを三角形だと判断できる能力で，学習では二次元に表された立体図形の奥行きを感じる，別の角度から見た図や展開図から完成した図形を想起することができるのは，この能力が備わっているからです。昨今では，フォントの種類により読みやすさや読みにくさを感じる，先生が黒板に書いた文字や他児童のハンドライティングが読めないと訴える子供に，このスキルの苦手さをもつケースが多く報告されています。

「図と地」 探し物をするときなどに必要な選択的注意力を指します。雑多な情報の中から必要な情報と不必要な情報を選択弁別する力です。学習では，文章の中から必要な箇所をすぐに見つけ出したり，先生がお話している箇所を教科書の中から瞬時に見つけたりする場面で必要なスキルです。

「視覚閉合力」 視覚情報のある部分が欠如していても元の形をイメージすることができる能力です。このスキルに苦手さがあると，一部から全体を想起することができず，書字や読みの苦手さにつながります。

「視覚記憶」 学習した視覚情報を記憶する，課題遂行のために作業記憶にとどめておくなど，学習には必要不可欠な課題です。

　第三のセクションも学習と密接に関係します。

「手と目の協応」 頭の中でイメージしている形を文字や形として表出する場合，この能力が大きく関与します。目は鉛筆を持った手をリードし，正しい方向へと導きます。形が正しくイメージできていないと，文字がマスからはみ出したり，偏と旁のバランスが悪くなることがあります。音読には視覚情報以外に音韻処理や形と音のマッチングなどが関与し，一概に視覚の問題だけとはいえませんが，形が認識できなければ，音に変換することもできません。

ビジョントレーニングの始め方

　これらの症状や苦手さは，視覚認知発達検査の結果から鑑別することができます。筆者の所属する「かわばた眼科視覚発達支援センター」を含め，関東圏では5施設の眼科がこの検査を実施しており，トレーニング施設は一般療育施設をはじめ，眼鏡店など民間の施設も数多く存在しています。検査するほどではないと考えている場合には，「みる力チェックシート」と検索すればインターネット上でチェックシートをダウンロードすることができ，苦手さを確認することが可能です。

　ビジョントレーニングは，視力や両眼視といった視機能不調が関与するような視能訓練的な Orthoptic Vision Therapy と，注意力が関与する眼球運動，及び視覚認知の問題を扱う Behavioral Vision Therapy の二つに分類することができます。前者は特別なトレーニングツールが必要であり，専門家の指導が必要ですが，後者は学校や家庭でも比較的容易に取り入れることができます。基本的な眼球運動トレーニングでは，指標を追い続けたり，二点の指標間を読んだり，ナンバータッチ，点結び課題などが有効です。空間関係課題には，市販の Geo Board や点つなぎ，ブロックを使った構成模倣課題などが大変効果的です。迷路課題はそのまま使用すると手と目の協応の練習になりますが，書く前にスタートからゴールまでの道を目で追ってみることで，眼球運動やイメージ力の練習にもなります。Hidden Pictures（隠し絵課題）などは，選択的な注意力を伸ばすために大変有効です。

　最近ではビジョントレーニングについてたくさんの本が出版されています。「視覚認知バランサー」等に代表されるパソコンソフトやアプリを利用したトレーニング，「視覚支援ドリル」も数多く出版されており，個別支援で利用する学校も増えてきています。

　音読が嫌い，板書を嫌がる，球技を怖がる……このような苦手さには，視覚関連課題が関与しているかもしれません。子供の見る力を把握し，適切に指導していくことは大変重要なことなのです。

（築田　明教）

Question 41 用語ミニ解説

「ソーシャルスキルトレーニング」とは何ですか？

■ SSTのねらい

　ソーシャルスキルトレーニング（SST）では，社会性を「社会生活を円滑に送るために必要な技術」として捉え，それらを具体的行動として体系的に学びます。多くの場合，社会性は集団生活を送る中で自然と身につけるものですが，一部の子供たちはそれらの習得が苦手な場合があります。友人と仲良くしたいと思っても，その方法が過剰であったり不足していたり，あるいは多くの人とは異なる方法をとろうとするために本人の思いが伝わらないことがあります。そこで，「配慮」や「心配り」といった表現では曖昧で理解しづらいことを具体的な行動として学び，本人の願いと表現方法を合致させることを目指します。しかし，社会性の課題に対してSSTが必ずしも最善とは限りません。問題の原因がソーシャルスキルの未学習である場合にSSTは適用されますが，スキルを身につけていても発揮できない心理的状態である場合には，別のアプローチが検討されるべきです。心にゆとりがなければ人に合わせたり優しくしたりするような社会性は発揮できません。通級に通う子供たちは失敗体験を重ねやすいため叱責を受けるリスクが高く，自尊感情が育ちにくいのです。心が荒んだ結果としての不適応行動に対してSSTだけを実施しても本質的な効果は望めません。SSTを実施する前に，本人の心の状態を含め，問題の原因を丁寧にアセスメントすることが大切です。

■ SSTの導入から実践，工夫点

　まず，アセスメントでは対象となる子供の社会的場面での行動を細かく見立て，苦手な状況や相手等を整理します。さらに，別の場面では上手にでき

ているか，あと少しで周囲に受け入れられそうな行動はないかなど，プラスの側面を把握することが重要です。これまで本人がやったことのないまったく新しい行動を訓練しても定着には時間がかかるため，今できていることを応用し，発展させるアプローチが有効だからです。

　次に，SSTに対する意欲の違いによっても日常場面での定着に差が出るので，導入を丁寧に行います。「友達が自分の言うことを聞いてくれない」など，本人が困っていることを確認し，本人の文脈に沿った提案をすることでSST実施の同意を得て意欲を高めます。また，SSTは「できた，楽しい，認められた」という体験を通してスキルの習得を目指します。SSTが「いかにできないか」を確認し続けるような場になっていては意欲を失い，実際の生活場面で用いようとはしなくなるので，声かけの工夫や課題設定も大切です。

　ソーシャルストーリーのように，ある状況を絵で見たり説明を聞いたりして適切な行動を知識として学ぶ方法から，ゲーム形式，ロールプレイなど実際に体験しながら学ぶ方法までと様々にあります。「感謝を伝える」「依頼をする」など，ある程度普遍的に必要なソーシャルスキルは，参考図書など既にあるものをもとにすると効率的です。しかし，指導が進むにつれて，本人に特有の苦手な状況に焦点を当てるオーダーメイドのSSTが必要になるでしょう。

　SSTは個別又はグループで実施します。個別学習は本人のペースに合わせて行うことができ，他者がいないために心理的抵抗感を比較的低くできるので初期に有効です。しかし社会性の学習なので，習熟の状況に応じてグループ学習に移行できるとよいでしょう。グループの場合は参加者によって苦手なスキルやその程度に差がありますが，テーマごとに得意な子供をお手本として学ぶことができます。お手本となれる子供は「役に立てた」という感覚が自信につながり，SSTの効果を促進させると思われます。

　通級指導教室に通う子供の中には，冷静なときには「社会的に望ましい行動」が何かを理解している子供もいます。また，通級のように落ち着いた環

境で，共感的理解を示す支援者との間では上手に振る舞えることはよくあります。SSTの効果により成長がみられ，落ち着いた場面では適切に振る舞えるようになってきている場合は，競争場面などあえて本人が冷静でいられない状況をつくり，日常場面に近い環境で実施することが有効でしょう。

「Social Skills Training」と表記するように，ソーシャルスキルは複数あり，それらが複雑に関連します。謝罪の流れでたとえると，まずは「自分が相手を不快にさせたかもしれない」と"状況を把握するスキル"が必要になります。そして「後悔からパニックにならずに冷静でいる」ような"自分をコントロールするスキル"が大切です。そして，"相手の感情や表現の意図を理解するスキル"や"自分の気持ちを適切に表現するスキル"などを用いながら話し合いを行い，謝罪するという流れで問題を解決していくのです。SSTではこれらを一つ一つ学びますが，実際の場面で成果を発揮するのは相当の難しさがあります。そのため，困ったときに「教えてください」と言える"援助を求めるスキル"も学ぶべき大切なソーシャルスキルの一つです。

ソーシャルスキルには「何を伝えるか」という言語的な表現もあれば，「どのように伝えるか」という非言語的な表現もあります。例えば，「ごめんね」という言葉は言えても，そのときの表情や語調で謝罪の意を適切に表現できなければ相手には伝わりません。SSTでは，相手の表情を読み取る練習など，非言語的コミュニケーションについても具体的に学びます。

また，相手や集団の規模によっても必要なスキルが異なってきます。例えば「お願いする」方法は，学校と家庭とでは異なります。「主張する」のように相手が同年齢か年上かによって表現方法がまったく異なるものもあります。仲間関係で通用するスキルをそのまま改まった場面や目上の人に対して用いたりすると不適切な言動となることがあります。このように，家族や友人等の仲間関係で求められるスキルと公共の場で求められるスキルとでは異なることが多いのですが，それを柔軟に使い分けることが難しい場合があるので，SSTではあらかじめ想定する場面を設定したり，本人のとった行動が誰に対しては有効で誰に対しては別の表現がよいかを伝えたりします。

他にも，年齢が上がるにつれて許容されるスキルが変わります。幼稚園児では鬼ごっこなどの遊びに入るときに何も言わずにいつの間にか参加していてもあまり不自然ではありません。しかし，小学校中学年頃になると仲間意識が芽生え始めるので，そのままでは「勝手に入ってくる」と認識され拒否されることもあります。このような年齢による違いに順応していくことが苦手な場合があるので，どの発達段階のソーシャルスキルまで定着しているかを把握することが大切です。その上で，自分の年齢を意識させ，少しずつ年齢相応の行動がとれるように支援していきます。すぐには最善の方法がとれなくても，「まだまし」な方法をとれるようにすることも一つの視点です。

SSTを実施する支援者の役割

　日常生活で社会性が定着しにくい場合には，注意集中などの認知能力が影響し，自ら体験したことを意識的に振り返ることが苦手であることが影響している可能性があります。そのため，学習の成果について，その場で何がよかったかを明確に伝えることが大切です。ロールプレイで相手役をした場合は，子供の表現によって感じた印象などを肯定的に伝えるとよいでしょう。また，先述の通り自尊感情が育ちにくい子供とかかわるので，支援者のカウンセリングマインドが重要となります。成果だけに注目するのではなく，取り組む姿勢を評価するのもよいでしょう。あたたかい雰囲気の中で支援者と円滑なやりとりができることを子供が実感することが大切です。SSTの本質的なねらいは，ソーシャルスキルそのものを学ぶことよりも，子供が人との交流の楽しさを再確認し，自分にもできると自信を取り戻すことです。SSTなどを通して支援者と交流することが，子供が自ら望む範囲で社会的交流をもとうとするようになるスタート地点となるのです。

〈参考文献〉
・ことばと発達の学習室M編著『ソーシャルスキルトレーニング絵カード　状況の認知絵カード』エスコアール
・小貫悟・名越斉子・三和彩著『LD・ADHDへのソーシャルスキルトレーニング』日本文化科学社

（島　吉孝）

資料

1 教育課程の届け出の例
 　－1　情緒障害
 　－2　自閉症
 　－3　学習障害
 　－4　注意欠陥多動性障害
2 個別の指導計画の例
 　－1　情緒障害傾向
 　－2　自閉症傾向
 　－3　学習障害傾向
 　－4　注意欠陥多動性障害傾向
3 自立活動の学習指導案の例
4 授業評価シートの例
5 教室案内の例
6 通級指導教室ガイドラインの例
7 時間割の例

資料1-1　教育課程の届け出の例（情緒障害）

発第　　　号
年　　月　　日

○○○教育委員会　様

　　　　　　　　　　　　　　　　学校名　　○○○立○○小学校
　　　　　　　　　　　　　　　　校長名　　　○○　○○　㊞

平成○○年度　児童の通級による指導の教育課程について（届）【例】

　このことについて，学校教育法施行規則第140条の規定に基づき，通級による指導（情緒障害）の教育課程を下記の通りお届けします。

記

1　当該児童　　　　　　　学年（　1　）　氏名（　○○　○○　）
2　通級指導校名　　　　　○○○立　○○小学校
3　指導の基本方針
　　本児は，学校生活上，対人関係の構築や状況の理解に困難があって，集団生活への参加に支障をきたしている。通級による指導では，個別の教育支援計画及び個別指導計画に基づき，状況を理解する力や人との関わりを深めるための力を育て，集団生活への適応力の向上を主たる目的にして，小集団指導と個別指導を行う。
　・小集団指導では，情緒の安定を図り，緊張や不安を緩和させて人と関わることの楽しさを味わい，集団の雰囲気に慣れるよう指導する。
　・個別指導では，自分の気持ちや要求を人に伝えられるようにすること，集団生活の中で場面に合わせた適切な行動の仕方を考え実践していく力を身に付けることなどを中心に指導する。
4　主な指導内容
　・自分の気持ちや考えを何らかの表現で伝えられるようにし，困った時に周囲に助けを求めたりする等のスキルを身に付ける。
　・小集団で，人と関わることの楽しさを体験させ情緒の安定を図りながら，その中で他者とのやりとりを増やす。
5　週当たりの指導時数　　週2単位時間（週1回）
6　指導開始日　　　　　　○○年○○月○○日

資料1-2　教育課程の届け出の例（自閉症）

発第　　　号
年　　月　　日

○○○教育委員会　様

学校名　○○○立○○小学校
校長名　○○　○○　㊞

平成○○年度　児童の通級による指導の教育課程について（届）【例】

　このことについて，学校教育法施行規則第140条の規定に基づき，通級による指導（自閉症）の教育課程を下記の通りお届けします。

記

1　当該児童　　　　　　　学年（ 4 ）　氏名（ ○○　○○ ）
2　通級指導校名　　　　　○○○立　○○小学校
3　指導の基本方針
　　本児は，学習上また生活上，対人関係の構築や状況の理解に困難があって，集団生活への参加に支障をきたしている。通級による指導では，個別の教育支援計画及び個別指導計画に基づき，良好な人間関係を築く力や状況を理解する力を養い，集団生活への適応力の向上を主たる目的にして，小集団指導と個別指導を行う。
　・小集団指導では，他者の意図や感情の理解に関することや，状況に応じたコミュニケーション能力を伸ばすことを中心に指導する。
　・個別指導では，自己の理解と行動の調整に関することや言語の形成と活用に関する事を指導し，言葉で適切に表現する力を身に付け自信を持たせるようにする。
4　主な指導内容
　・状況を理解する力をつけ，場に応じた行動をとることができるようにする。
　・自分の気持ちや考えを言葉で伝える力を伸ばしたり，困った時に周囲に助けを求めたりする等のスキルを身に付ける。
　・言葉の意味理解を深め，言葉で適切に表現する力を身に付けられること等，できることを増やす指導をする。
5　週当たりの指導時数　　週2単位時間（週1回）
6　指導開始日　　　　　　○○年○○月○○日

資料1-3　教育課程の届け出の例（学習障害）

発第　　　号
年　　月　　日

○○○教育委員会　様

　　　　　　　　　　　　　　　　　　学校名　　○○○立○○小学校
　　　　　　　　　　　　　　　　　　校長名　　　○○　○○　　㊞

平成○○年度　児童の通級による指導の教育課程について（届）【例】

　このことについて，学校教育法施行規則第140条の規定に基づき，通級による指導（学習障害）の教育課程を下記の通りお届けします。

記

1　当該児童　　　　　　　学年（　3　）　　氏名（　○○　○○　）
2　通級指導校名　　　　　○○○立　○○小学校
3　指導の基本方針
　　本児は，学校生活上，指示理解に困難があり，集団生活への参加に支障をきたしている。また，学習上，読み書きに苦手さがあり，授業への参加が困難な状況がある。通級による指導では，個別の教育支援計画及び個別指導計画に基づき，状況を理解する力を身に付けるとともに，読み書きの苦手さを改善・克服し，集団生活への適応力の向上を主たる目的にして，個別指導を行う。
　・自分の苦手さについて理解するとともに，改善・克服しようとする意欲を育てる。
　・本児の特性に応じた読み書きの習得方法を試行し，身に付けるようにする。
　・できることを増やして自信をもたせるとともに，語彙を理解する力や周囲の状況に注意する力を養い，状況に応じたコミュニケーション力を高める。
4　主な指導内容
　・目と手の協応を高めるための指導や，手先の巧緻性を高める指導等，読み書きの苦手さを補うための指導を行う。
　・本児に合った道具学習方法を提案し，成功体験を増やし，自信をもつことができるようにする。
　・語彙力を高め，話の聞き方のポイントがわかるようにする。
5　週当たりの指導時数　　　週2単位時間（週2回）
6　指導開始日　　　　　　　○○年○○月○○日

資料1-4　教育課程の届け出の例（注意欠陥多動性障害）

発第　　　号
年　月　日

○○○教育委員会　様

学校名　○○○立○○小学校
校長名　○○　○○　㊞

平成○○年度　児童の通級による指導の教育課程について（届）【例】

　このことについて，学校教育法施行規則第140条の規定に基づき，通級による指導（注意欠陥多動性障害）の教育課程を下記の通りお届けします。

記

1　当該児童　　　　　　　学年（ 2 ）氏名（ ○○　○○ ）
2　通級指導校名　　　　　○○○立　○○小学校
3　指導の基本方針
　　本児は，学校生活上で，衝動性があり，対人関係の構築や状況の理解に困難が生じ，集団生活への参加に支障をきたしている。通級による指導では，個別の教育支援計画及び個別指導計画に基づき，言動をコントロールする力を身に付け，状況を理解するとともに良好な人間関係を築き，集団生活への適応力の向上を主たる目的にして，小集団指導と個別指導を行う。
　・小集団指導では，他者の意図や感情の理解に関することや，状況に応じたコミュニケーションに関することを中心に指導し，集団での行動の仕方を習得できるようにする。また，合わせて身体の動きをコントロールする力を身に付ける。
　・個別指導では，自己の理解と行動の調整に関することや困難を改善・克服する意欲に関することを中心に指導し，場面に合わせて自己のコントロールができるようになり，自信をもたせるようにする。
4　主な指導内容
　・小集団指導の中で，感情や行動をコントロールしたり，ルールを守ったりして行動できるようにし，集団での生活に適応できるようにする力を養う。
　・状況を理解する力を身に付け，場に応じた行動をとることができるようにする。
　・細かな動きや大きな動きなど，身体を調整できるようにする。
5　週当たりの指導時数　　週2単位時間（週1回）
6　指導開始日　　　　　　○○年○○月○○日

資料2-1　個別の指導計画の例（情緒障害傾向）

平成○○年度１学期　個別の指導計画及び報告書【例】

情緒障害傾向

○○○立○○小学校

児童氏名	○○　○○	在籍校・年組	○○小学校　２年○組	校　長：○○　○○
【主訴】・自分の気持ちを言葉にして伝えることが苦手。 　　　　・場面に対応する行動の判断が苦手。 　　　　・運動に取り組むことが苦手。		【指導回数】 週１回○曜日（２時間）	担当者：○○　○○ 【指導形態】 個別・小集団	

【年間のねらい】・分からないことを学んだスキルを使って聞いたり、周りの様子を見て行動したりする。
　　　　　　　・自分や相手の気持ちについて考えたり、状況に応じて行動したりする。
　　　　　　　・指先の細かい動きや、身体を使った大きな動きをスムーズに行う。

【１学期のねらい】・気持ちの言葉を確認し、自分の気持ちと言葉を一致させる。
　　　　　　　　・自分の気持ちを選択肢から選んだり、状況から正しい言動を考えたりする。
　　　　　　　　・書字の際の細かな指の動きや、ボールの動きに合わせた動きができる。

	指導目標	指導の手立て及び内容	指導経過及び評価
小集団	【コミュニケーション】 ①相手や自分の気持ちについて考えることができる。	①教師の演じる寸劇を見て気持ちについて考える。うなずきや挙手で自分の考えを伝える。	①自分の考えを伝えるときには、紙に自分の考えを書いて、教師が読んで伝え、問われた質問に対し的確に答えました。気持ちの学習時、○○のときにどんな気持ちになるか、を聞くと、ワークシートのイラストからあてはまる表情や気持ちの言葉を選ぶことができました。指示された内容は、見通しがあると自分から行動することができました。
	【運動】 ②体を動かすポイントが分かる。	②視線の方向や上半身の姿勢を確認する。動きのポイントを伝え、動き方を補助する。	②回数を重ねるごとに、周囲を見ながらほぼ自分で取り組んでいくことができました。初めての活動内容では、教師が動き方を補助したり、先に行っている友達を見てから行動したりしました。周囲を見て、行動していく様子が多く見られました。動きのポイントを知り、自分で調整する様子が見られました。
個別	【身体の動き】 ①力を調整することができる。	①お手玉キャッチや動きの中での手首の動きを自分で確認する。手首の動きを補助する。	①力を調整して行うお手玉キャッチでは、高く上げすぎ目でお手玉の動きを追うことができずに落とすことがありました。投げるお手玉の高さを５センチ上げる、と具体的に言うと高さを調整することができました。取る際の手首の角度をＶＴＲに撮り、正しい動きを確認すると、お手玉をキャッチする回数を増やすことができました。力を数字に置き換え、弱い力をイメージできるようにし、数字に応じた動きの大きさを考えることができました。
	【身体の動き】 ②ボールを捕ったり、素早くよけたりすることができる。	②ひも付きボールを使用する。ボールを捕る際にボールを追視することを確認する。	②ひもでぶら下げたボールを連続してたたいたり、捕ったりすることができました。初めはボールが顔の近くにきたとき、目を閉じてしまう様子がありましたが、繰り返す中で、ボールを見て捕ることや安定した軌跡の中でボールをよけることができました。
	【生活の振り返り】 ③設定した状況で、適切な行動を考えることができる。	③イラストにした状況に合った行動を考える。選択肢から選び、吹き出しを使って気持ちについて考える。	③生活の中で起こりそうな内容を取り上げました。何かのきっかけで教師に身体をつけてくることがあるので、そのときの気持ちを選択肢から選ぶと、「何か失敗したときや不安になったとき」を選びました。失敗に対する不安から、しばらく教師についていたり、活動から一時的に離れたりする様子が見られます。次がんばれば大丈夫、まあいいや、など、次につながる考え方を今後も確認していきます。
	【読む書く話す】 ④主語と述語を意識した簡単な文章を考えることができる。	④カードに文言を書き、並べ替える。日常生活を振り返り、文章にする。	④一文を切り離しバラバラにしたものを並べ替える学習をしました。様子が書かれた文章の並べ替えに悩む様子が見られましたが、ヒントがあれば文章を完成させることができました。絵カードを使って話を考えたり、想像したりする学習は取り組みませんでした。実際にあった出来事を書いていく活動を今後行っていきます。
	出席回数	４月　３回	５月　３回　　６月　４回　　７月　２回

資料2-2　個別の指導計画の例（自閉症傾向）

平成○○年度前期　通級による指導　個別の指導計画及び評価【例】　自閉症傾向

○○○立○○小学校

児童氏名	○○　○○		年組	2年　○組
【主訴】・集団での指示が入りにくい。 ・状況を理解することが苦手で、コミュニケーションをとることが難しい。 ・初めてのことや苦手なことに取り組めないことがある。			【指導回数】	週1回　2時間
			【指導形態】	小集団・個別

【年間のねらい】
・集団の中で、するべきことを意識して行動することができる。
・人の表情を考えたり、自分や周囲の状況を捉えて順序よく説明したりすることができる。
・身の回りの整理整頓ができる。
・粗大運動を通して、身体の動きを高める。

【前期のねらい】
・教師の声掛けで、今するべきことに気付き、行動することができる。
・状況を捉え、説明することができる。
・整理整頓の方法を知り、実行することができる。

	指導目標	指導の手立て及び内容	指導経過及び評価
小集団	【コミュニケーション】 ①今するべきことを意識して行動する。	①板書や教師の声掛けで、するべきことを意識させる。以下を重点的に指導する。 ・聞くときは手を止め、相手の顔を見る。 ・するべきことを終えてから次の行動に移る。	①発言のルールの板書や、事前の約束の内容を守り、授業に臨むことができました。「今は説明を聞く時間。」と何をするべきか伝えると、教師の顔を見て、話を聞くことに集中できました。教師の話の区切りを待って、板書の間違いを指摘したことを評価しました。聞く時間が長くなったり、他のことに気持ちが向いてしまったりすると、するべきことに取り組めなくなりがちです。するべきことを意識できるように指導を継続します。
	【運動】 ②体を大きく動かす運動に取り組む。	②教師の動きを手本にする。難しいときは、手を添えて動きを補助する。止まる、ジャンプする、体を支える感覚を意識する。	②決まった箇所で止まる、ジャンプすることは概ね指示通りでできました。手本の通りに体の部分を伸ばす、固定することは、その通りに動かすことが難しく、教師の補助が必要でした。手本のここを見る、体のここを伸ばす等、具体的な指示があればできるので、自分の動き方を自覚するようにして、今後も取り組みます。
個別	【読む・聞く・話す】 ①話したい内容を明確にする。	①本人の話を教師が紙に書き出す。書き出した文を見ながら、必要な内容かそうでないか振り返る。慣れてきたら、書いたものを見なくても話せるようにする。	①書き出した紙を見ることで、話そうとする話題と関係のない内容も混じってしまったことに、気付くことができました。「誰が、何をした」の話型を意識し、出来事を起きた順番に話すようにすると、分かりやすく話すことができました。今何を話しているか、教師が適切に相槌を打ち内容を整理して返すことで、話す内容もまとまりました。引き続き話す練習をしていきます。
	【自己の特性の理解】 ②状況を捉える力を付ける。	②状況絵、起承転結のある絵を使い、状況を話す。言葉がうまく出ない時には、教師がヒントを出す。	②目に入った箇所についてのみの話をしがちなので、注目すべきところを示してから、話しました。本人が言った内容を教師が繰り返すす、大切なことに気付いて付け足して話すことができました。状況を捉えた後、まとめて話をすると、分かりやすく話すことができました。
	【身辺整理】 ③身の回りの整理整頓をする方法を知る。	③道具箱の片付け、手紙のしまい方等を行う。分類する、決まった場所にしまうようにする。タイマーを用いて、時間を意識して終えられるようにする。	③授業が終わったらノートや教科書を閉じて机の中にしまう、手紙が配られたら後ろの友達に渡した後、紙を折って連絡帳袋に入れることを確認し、実際にそのようにしました。片づけを意識するために口頭でカウントダウンすると、集中して取り組むことができました。
指導回数			18回

通級指導校　　○○○立○○小学校　学　　校　　長　　○○　○○
通級指導担当教員　　○○　○○

資料2-3　個別の指導計画の例（学習障害傾向）

平成○○年度前期　通級による指導　個別の指導計画及び評価【例】

【学習障害傾向】

○○○立○○小学校

児童氏名	○○　○○	年組	5年　○組
【主訴】	・周りに合わせて行動することが苦手。 ・集中して課題に取り組むことが苦手。 ・書字が苦手。	【指導回数】	週2回　2時間
		【指導形態】	個別

【年間のねらい】	・周りの様子や状況を理解し，適切な行動をとることができる。 ・話を最後まで聞き，姿勢を保持して落ち着いて課題に取り組むことができる。 ・身体のバランスや調整力，手指の巧緻性や視機能を高め，書字の力を高める。
【前期のねらい】	・相手の気持ちに気付き，適切な行動をとろうとすることができる。 ・短い話を聞いて，内容を覚えることができる。 ・全身をバランスよく動かしたり調整したりする力，手指の巧緻性や視機能を高め，書字の力を高める。

指導形態	指導目標	指導の手立て及び内容	指導経過及び評価
個別	【人とのかかわり】 ①話の内容を覚えることができる。	①聞くドリルを行い，短時間集中して聞く練習や聞いた内容を覚える練習をする。また，繰り返し言う，頭文字，絵や写真などのイメージで覚えるなどの覚え方を実践し，自分に合った方法を見つける。	①「～は，どうした。」のような短い文を聞いて復唱することができました。文が長くなって一回で覚えきれないときや知らない言葉があったときは，「もう1回言ってください」「後半だけお願いします」など自ら確認して復唱することができました。また，話を聞きながら大事なことをメモする練習を行いました。聞いたことを全て書き取ろうとしていたので，単語だけを書いたり，省略してすばやく書いたりすることを練習しました。メモを見ながらどんな話だったか説明することができました。
	【人とのかかわり】 ②相手の気持ちや状況に応じた対処法を考え，適切な行動をとることができる。	②学級での出来事を振り返ったり，身近な場面を設定したりして，相手の気持ちを考えどのような行動が望ましいのか，担当教師と一緒に考える。	②生活の振り返りの中で，「皆と同じスピードで動けるようになりたい」と話していました。そのためには何をしたらよいか一緒に考えました。周りを見る，予定を確認する，先生や友達に聞くことを考えることができました。自分の学級の図工の時間にストロータワーを作る活動を行ったときは，相手の作業の様子を見たり，「○○くんはどう思う？」と相手の考えを確認したりして協力して行うことができました。その言動を振り返り，褒め価値付けしました。
	【読む書く話す】 ③眼の運動機能や文字や図形を正しく捉える力を高めたり，指先の巧緻性を高めたりする。	③視線を上下左右に動かすマスコピー，見比べレースなどを行う。また，点つなぎ，ぐるぐる迷路等を行い，斜線や曲線を正しく捉える力を高める。	③立体のパズルやキューブを行いました。細かい違いに気付きにくいときは，見る場所を指定したり，範囲を狭めたりすると，見本の通りにパズルを組み立てることができました。同じ図形を探す課題では，回転してしまうと分かりにくいようでしたが，図を正方形で区切って数を数えたり，実際に図を回転させて確かめたりすると見付けやすくなりました。
	【身体の動き】 ④見たものを正しく捉え，それに合わせて体を動かす力を高める。	④動くものを眼で追いながら手や足でタッチしたり，紙風船打ちや転がってくるボールをキャッチしたりする課題を行う。	④風船打ちやキャッチボールを行いました。動いている風船を眼で追って打ちながら，風船に書いた数字を読み上げることができています。ボールを投げる際に，腰が回らずに肩だけで投げていました。脚を置く位置に印を付けると，投げるときに自然と脚が前に出るようになり，腰を回しながら投げられるようになりました。
指導回数			28回

通級指導校　　○○○立○○小学校　学校長　　○○　○○

通級指導担当教員　○○　○○

資料2-4　個別の指導計画の例（注意欠陥多動性障害傾向）

平成○○年度　2学期　通級による個別の指導計画及び評価【例】

注意欠陥多動性障害傾向

○○○立○○小学校

児童氏名	○○　○○	在籍校・年組	○○小学校　2年○組	校　長：○○　○○
【主訴】・気持ちを切り替えることが苦手。 ・感情や行動をコントロールすることが苦手。		【指導回数】 週1回○曜日（2時間）		担当者：○○　○○ 【指導形態】 個別・小集団

【年間のねらい】・思い通りにならない時に、気持ちを切り替えることができる。
　　　　　　　・場に応じて、気持ちをコントロールすることができる。

【2学期のねらい】・自分の気持ちを切り替えようとすることができる。
　　　　　　　　・全身をバランスよく動かしたり指先の巧緻性を高めたりすることができる。

	指導目標	指導の手立て及び内容	指導経過及び評価
小集団	【コミュニケーション】 ①設定された場面で、自分の気持ちや相手の気持ちを考え、それに応じて適切な行動をとることができる。	①身近な場面を設定し、言動によって、相手や周りの人がどんな気持ちになるのか、考えていく。状況に応じて、どのような言い方や行動が望ましいかを考える。	①望ましい言い方や行動の仕方を、活動を通して実践する学習の方法が取り組みやすいようでしたので、そのように行ってきました。タイミングよく「ありがとう」や「ごめんね」を言ったり、負けを受け入れたりすることができました。楽しく夢中になると、切り替えることが難しくなり、次の課題に移ることができないこともありました。切り替えについては、今後も自分自身で意識できるようにしていきます。
	【運動】 ②自分の身体をコントロールする力を高める。	②よく見て動きを模倣する、指示された速さを保つ、動きを止める、バランスをとる、一定時間力を出し続ける、合わせて動くなどの運動を行う。	②体幹がしっかりして、一定時間、腹筋や背筋を使った姿勢が保持できるようになりました。距離感やスピードを捉え、ボールなどに合わせて動くことができます。左右異なった情報をキャッチして模倣することや、ゆっくりしたペースに自分の動きをコントロールすることは、とまどう場面がありましたが、繰り返す中で、できるようになっていきました。
個別	【小集団学習の振り返り、見通し】 ①場に応じた行動の仕方を考えることができる。	①小集団学習での言動を振り返り、よかった点や改善すべき点を確認する。	①苦手な課題に対し、いらいらしてしまったり、やりたくないと取り組めなかったりすることがなくなってきました。「○○するといいですね。」のように注意された時、自分でも納得して、その場で行動を修正する場面も見られるようになりました。
	【生活の振り返り、見通し】 ②気持ちを切り替えることができる。	②あらかじめ、約束した時間や方法で気持ちを切り替え、次の課題に取り組むことを行う。	②終了の合図で止めて次の課題に取り組むこと、許可を求めて認められなかったり自分が使いたかった物が見つからなかったりした時に気持ちを切り替えることなどが、短い時間でできるようになってきました。
	【読む書く話す】 ③眼の運動機能や文字や図形を正しく捉える力や手指の巧緻性を高めることができる。	③マスコピーや迷路、パズル、ビーズすくい、ペグボード等、眼と手を協応させたり指先を使ったりすることが必要な課題を行う。	③動くビー玉に合わせて、手の向きを加減して思い通りの方向に転がしたり、タイミングよくキャッチしたりすることができました。絵探しや数つなぎでは、必要な情報をテンポよく見出すことができました。
出席回数	8・9月　4回	10月　4回	11月　3回	12月　3回

資料3 自立活動の学習指導案の例

自立活動　学習指導案

授業実施日　平成30年12月4日（火）
第2校時 9：30〜10：15
対　　象　　第2学年〜第4学年3名
授　業　者　　主任教諭　○○　○○
T　　2　　主任教諭　○○　○○

1　単元名　「みんなで協力しよう」

2　単元の目標
・活動場面で，自分の役割を果たしたり，友達を手伝おうとしたりすることができる。
・友達と動きを合わせるときに，言葉を掛け合うことができる。

3　単元の評価規準

ア　関心・意欲・態度	イ　思考・判断・表現	ウ　技能	エ　知識・理解
①すすんで友達の活動を，手伝おうとしている。 ②すすんで友達と動きを合わせようとしている。	①自分に合った役割を選んだり，内容を調整するために相談したりすることができる。 ②タイミングの合わせ方を考えることができる。	①自分の役割に正確に取り組むために，確認することができる。 ②手伝うために言葉を掛けることができる。 ③友達と活動するときに，言葉を掛け合うことができる。	①自分や相手の役割を理解している。 ②友達と動きを合わせるためには，タイミングが大切であることを理解している。

4　指導観
(1)　単元観
　本単元は，特別支援学校小学部・中学部学習指導要領（平成21年3月告示）自立活動の内容，

> 3　人間関係の形成
> 　(2)　他者の意図や感情の理解に関すること。
> 　(3)　自己の理解と行動の調整に関すること。
> 　(4)　集団への参加の基礎に関すること。

> 6　コミュニケーション
> 　(5)　状況に応じたコミュニケーションに関すること。

を受けて設定した。
　上記の「3　人間関係の形成」の内容「(4)集団への参加の基礎に関すること」に重点を置き，集団に参加するための手順や決まりを理解して，集団活動に積極的に参加できるようになることをねらいとしている。集団活動の中でも，特に相手の気持ちや行動に合わせて振る舞うことは，児童の実態から困難さが予想される。そこで，他者との関わりが必然的になる協力活動を行うことで，集団活動を体験的に学ぶことができると考えた。そして，単元計画を「自己の役割に関す

る指導」と「協働に関する指導」に分け，集団に参加するための手順や決まりを段階的に指導するよう設定した。他者意識が高まるように，個人の振る舞いから集団での振る舞いへとつなげていく。

　また，協力活動ではコミュニケーションを通して相手の気持ちを考えたり，自分の行動を調整したりすることが大切である。そのため，上記の自立活動の内容とも関連させ指導していく。学習活動が日常生活と関連するようにし，通級指導教室での経験が在籍学級の生活などにつながるようにしていきたい。

(2)　児童観

　本小集団は，第2学年児童1名，第3学年児童1名，第4学年児童1名の異学年で構成されている。指導時間は3名とも週2単位時間（90分）の指導であり，「コミュニケーション」，「運動」，「個別学習」をそれぞれ約30分ずつ行っている。

　4月当初は，発言することが難しい児童や声が小さくなってしまう児童がいたが，10月までの指導を通して自ら手を挙げ積極的に発言できるようになってきた。連絡ノートを通して，在籍学級での様子として他者意識が高まってきている，学習意欲が向上しているなどが挙げられている。一方で，体育の用具を協力して運ぶ際に友達に言葉を掛けられないでいる，友達を手伝う様子はあまり見られない，友達からの手伝いを受け入れにくいなどの指摘も挙がっている。活動内容が明確であれば行動できることから，本単元を通して友達への望ましい言葉の掛け方やタイミングの取り方，状況に合った振る舞いなどを理解し，身に付けられるよう指導していく。また，他者を受け入れることについては，3学期の単元「みんなで話し合おう」で重点的に指導するようにし，本単元では教師が支援して調整するようにみる。児童同士が関わり合う場面を増やして他者意識が更に高まるようにしたい。

　なお，活動によっては身体の不器用さから，思いどおりに動くことができず協働が困難な場合も予想される。自立活動の内容「5　身体の動き」に関する指導は，本単元の「コミュニケーション」の時間ではなく「運動」の時間で指導するようにし，本単元では配慮事項に留めることとする。

(3)　教材観

　本単元で扱う活動「協力配達ゲーム」や「協力宝運びゲーム」などは，児童の在籍学級でも行われている「当番活動」や体育の用具準備の場面等を想定して設定したものである。学習活動を学校生活と関連させることで，在籍学級での行動につなげやすくなると考えた。また，「主体的な学び」となるように，児童が学習の必要性を実感できるよう教師が行う寸劇の内容を工夫した。

　本時では，在籍学級での体育場面を想定して「協力ゼッケン集め」を行う。児童は活動内容が明確であれば行動できることから，今までに経験したことのある活動が望ましいと考えた。そこで数色のゼッケンを複数枚用意し，素早く番号順にそろえて集める活動とした。集める色を役割分担する際に本単元第1次の既習事項を押さえることができ，ゼッケンの枚数を調整することで集める時間差を意図的につくり出すことができる。この時間差を利用し，本時の目標である「手伝うこと」にせまる状況を作ることができると考えた。そして，協力することで「達成できた」，「素早くできた」という経験ができるようにし，協力することのよさを実感させていきたい。

5 年間指導計画における位置付け（コミュニケーション）

	単元名	時数
第1学期	「上手な聞き方」	4時間
	「上手な話し方」	3時間
	「いろいろな気持ち」	3時間
第2学期	「勝っても負けても」	3時間
	「気持ちの温度計」	4時間
	「ふわふわ言葉，ちくちく言葉」	2時間
	「みんなで協力しよう」（本単元）	5時間
第3学期	「自分の思い，相手の思い」	3時間
	「みんなで話し合おう」	5時間

6 単元の指導計画と評価計画（全5時間）

		目標	学習内容・学習活動	評価規準（評価方法）
第1次	第1時	自分に合った役割を選ぶことができる。	合奏を行うために，自分の役割を確認したり相談したりする。 ・協力ハンドベル（音楽の学習場面）	イー①（ハンドベルの役割分担の観察） エー①（ハンドベルの練習・演奏の観察）
	第2時	自分の役割に正確に取り組むことができたか，確認することができる。	教師の演じる寸劇を見て，「正確さ」の重要性に気付き，自分の取り組みを確かめる実践をする。 ・協力配達ゲーム（当番活動場面）	ウー①（協力配達ゲームの活動の観察）
第2次	第3時 （本時）	手伝うために言葉を掛けることができる。	教師の演じる寸劇を見て，「自分の役割を果たした後に手伝う」，「相手に聞いてから手伝う」などの手順を確認する。 ・協力ゼッケン集め（体育の学習場面）	アー①（協力ゼッケン集めの活動の観察） ウー②（協力ゼッケン集めの発言）
	第4時	相手と動きを合わせるために，タイミングを合わせることができる。	教師の演じる寸劇を見て，動きを合わせるために，相手を見たりタイミングを合わせたりすることを理解する。 ・協力宝運び（体育の学習場面）	アー②（協力宝運びの活動の観察） エー②（振り返りシート）
	第5時	言葉を掛け合って，協力することができる。	既習事項を生かして，言葉を掛け合って協力活動をする。 ・協力すいか割り（遊び場面）	イー②（協力すいか割りの活動の行動観察） ウー③（協力すいか割りの活動の発言）

7 配置図
(1) 全体指導   (2) 寸劇を見る場面

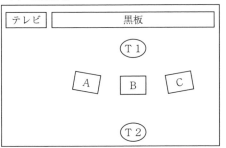
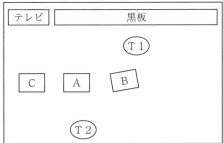

(3) 活動場面

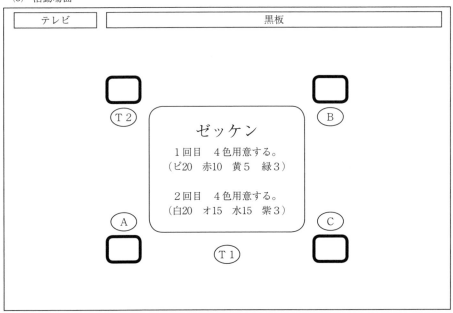

8 指導に当たって
(1) 授業形態の工夫
　　ティームティーチングによる指導
　・一斉指導の中で理解が難しい児童のために，T2が個別に言葉掛けを行うようにする。
　・T2は協力活動の人数調整のために，児童役としても適宜参加する。また，緊張が強い児童に対して，その場で支援を行うようにする。

(2) 指導方法の工夫
　ア　体験的な活動を中心にした学習
　・実践的な行動を身に付けられるように，活動時間を十分に確保するようにした。
　・主体的な取組となるように，「当番活動」，「体育の授業」，「音楽の授業」など日常場面を意識した活動を取り入れるようにした。
　イ　児童が見通しをもてるようにするための工夫
　・板書に本時の活動内容を箇条書きで提示した。
　・毎時間の授業展開をある程度パターン化しておくことで，初めての内容でも学習活動の流れを把握しやすくなるようにした（復習→寸劇による要点確認→活動→振り返り，の流れ）。
　・教師の演じる寸劇の内容は，その時間で活動する内容を取り上げ，見通しをもてるようにした。
　ウ　状況理解が難しい児童への配慮
　・教師の演じる寸劇を児童が集中して見ることができるように，一度ビデオで撮影したものをテレビ画面で見せるようにした。（ICT機器の活用）
　・全体活動の前に，個別に練習する時間を設定することで，状況を体験的に理解できるようにした。
　エ　児童が振り返りやすくなるための工夫
　・振り返りの観点を掲示する。
　　「①感想　②頑張ったこと　③（次回）頑張りたいこと　④教室で生かしたいこと」
　・毎時間活用する振り返りシートで「できた」などの選択肢を用意する。「もうすこし」を選んだ児童に対しては，どうしてそう思ったのか理由を聞いたり，観点を変えて「できていた点」に着目して励ましたりする。
　・在籍学級や日常生活への関連については，個別の時間にそれぞれ振り返る時間を設けるようにする。

(3) 在籍学級や家庭との連携について
　　連絡ノートの活用
　・特別支援教室での学習の様子を連絡ノートに記録し，保護者や在籍学級の担任と共有する。児童の課題だけでなく「このように支援するとできた」など，有効だった支援を明記するようにする。

9 本時（全5時間中の第3時）
(1) 本時の目標
・手伝うために言葉を掛けることができる。
(2) 本時の展開

時間	○学習内容 ☆学習活動	指導上の留意点・配慮事項	・個別の支援　★評価規準（評価方法）		
			A児	B児	C児
導入 (10分)	○本時のめあてを確認し、学習の見通しをもつ。 ☆前時の復習をする。	・学習の挨拶の前に、机上整理や姿勢を整えさせる。 ・本時のめあて及び学習の流れをあらかじめ板書しておく。 ・めあてを読むことで、児童がめあてを意識できるようにする。			
	めあて　「手伝うために声をかけよう」				
展開 (25分)	○寸劇を見て、手伝うよさに気付く。 ☆寸劇を見て、気が付いたことを発表する。	・あらかじめ録画しておいた寸劇をテレビで見せる。 ・本時の活動（協力ゼッケン集め）を題材とした内容にして、見通しがもてるようにする。		・寸劇を見る際は、見やすい位置に移動してもよいことを伝える。	・寸劇を見る際は、見やすい位置に移動してもよいことを伝える。
	【寸劇内容①】 ・自分の役割が終了後、ふらふらしている。		【寸劇内容②】 ・自分の役割が終了後、「手伝おうか。」と言葉を掛け、返事を受けて協力している。		
	☆よい行動を整理する。	・「よくない例」、「よい例」の順番で寸劇を見せる。比較させることで、よい点に気付きやすくする。 「自分の役割は終えている。」、「手伝おうかと言葉を掛けている。」	・発言している人を見るよう促す。	・言葉で説明することが難しい場合は、どちらの場面がよかったか選択するよう促す。	・発言のルールを確認する（手を挙げてから答える）。
	○学習したことを実践する。 ☆「協力ゼッケン集め」のルールを確認する。	・ルールを掲示して説明するだけでなく、ゼッケンのまとめ方を実際に見せて確認する。			

		・めあてや活動が理解できるよう，児童同士で行う前に個別に練習する時間をとる。 ・既習事項である「できたか，かくにんする」に触れ，まずはゼッケンを番号順にそろえて集めることを押さえる。 ・手伝うための言葉の掛け方や返事の仕方は，できるだけ児童から出た言葉を取り上げる。	【ルール】 ①集めるゼッケンの色を確認します。 ②順番通りに向きをそろえて，まとめます。 ③終わったら先生に伝えます。 【手伝うときのきまり】 ①「例：手伝おうか。」と声をかけます。 ②「例：手伝おうか。」と声をかけられたら「ありがとう。」と言いましょう。 ③返事を聞いてから手伝いましょう。 【手伝い方の例】 ※広げてならべる。 ※うしろの番号から集める。		
	☆「協力ゼッケン集め」を行う。	・作業が終わりかけているなど，状況によっては手伝いを断られる場合もあることに触れる。手伝おうとする姿勢がよいことと価値付け，断る場合もお礼を言うようにする。 ・全ての児童に，手伝う状況を作るため，役割の色を変えて2～3回行う。 ・T2が児童役で活動に参加し，手伝いを受ける役になる。（友達に言葉を掛けられない児童への不安軽減も兼ねる。） ・手伝う内容を言葉で伝えられない場合は，T1が支援し，調整する。 ・目標時間を設定し，意欲や協力した達成感がもてるようにする。	・友達に言葉を掛けられたときに，相手を見て返事をするよう促す。 ★ア－①（協力ゼッケン集めの活動の観察） ★ウ－②（協力ゼッケン集めでの発言）	・友達に言葉を掛けられない場合は，T2に言葉を掛けるように促す。または，T1と一緒に伝えるようにする。 ★ア－①（協力ゼッケン集めの活動の観察） ★ウ－②（協力ゼッケン集めでの発言）	・友達に言葉を掛けられたときに，相手を見て返事をするよう促す。 ★ア－①（協力ゼッケン集めの活動の観察） ★ウ－②（協力ゼッケン集めでの発言）
まとめ（10分）	○振り返りをする。 ☆ワークシートに記入し，学習の感想などを発表する。	・めあてを想起し，達成するために意識したことを振り返るよう促す。 ・教室での活用場面については，個別の時間で確認する。		・代筆をすることも可とする。	

(3) 板書計画

(4) 授業観察の視点
- 単元の目標と本時の目標に，一貫性があったか。（指導と評価の一体化も含む）
- 教師の演じる寸劇（ICT機器の活用）は児童の学習理解に有効だったか。
- 学習内容や活動が日常生活（自立）へつながる指導となっていたか。

(5) 資料（振り返りシート）

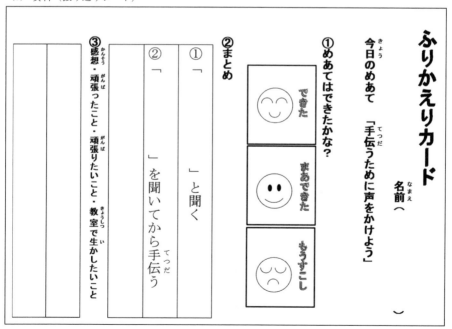

資料4　授業評価シートの例

自立活動の授業評価シート

指導場面＿＿＿＿＿＿＿＿＿＿＿＿＿

＊評価は，1，2，3の三段階で記入する。

　　月　　　日（　　）　　校時　　指導者＿＿＿＿＿＿＿＿＿＿

観点	評価規準	評価	備考
1 使命感・熱意・感性	①障害による学習上又は生活上の困難を，子供が主体的に改善・克服するように指導内容を工夫している。		
	②子供の障害の状態に応じた指導の準備を行っている。		
	③子供が感じている困難さについて，子供の側に立って理解しようとしている。		
	④在籍学級の課題を把握し，指導に生かそうとしている。		
2 児童理解	①子供の障害の状態や特性を把握している。		
	②子供の状態に応じ，一人一人に合った言葉がけや場に応じた対応をしている。		
	③子供との信頼関係を築こうとしている。		
	④小集団指導では，複数の子供に対し，偏りなく言葉がけや配慮をしている。		
	⑤個別指導では，子供の活動状況を把握し，客観的に子供を捉えようとしている。		
3 統率力	①子供の発言を的確に捉え，意欲を引き出している。		
	②具体的な発問を行い，子供の興味・関心を喚起している。		
	③活動の切り替えや教師や友達との関わり方，発言の仕方など，授業規律を整えている。		
	④教師の立ち位置や，子供との目線に配慮した指導をしている。		
	⑤教師の一方的な指導にならないよう，子供の活動を重視している。		
	⑥小集団指導では，全体を視野に入れ，反応や変容をとらえようとしている。		

4 指導技術	①子供の障害の特性に応じた教材・教具を工夫し，効果的に活用している。		
	②子供が発した言葉を見逃さず，受け取っている。		
	③子供自身が先を見通すことができる活動となっている。		
	④活動を組み合わせるなどして，1単位時間の構成の仕方を工夫している。		
	⑤在籍学級の担任と連携した課題や題材を準備している。		
	⑥掲示物や机の配置など，子供が学びやすい学習環境を整えている。		
	⑦適切な構成，字の見やすさ，色の見やすさに配慮した板書をしている。		
	⑧子供に対し，簡潔・明瞭な指示・説明・発問をしている。		
	⑨声の大きさやトーンなど，子供の状態に応じて使い分けている。		
	⑩子供の興味・関心や得意分野を把握した指導となっている。		
	⑪小集団指導において，複数の教師で指導を行う場合，事前に打ち合わせを行い，役割分担が明確になっている。		
	⑫小集団指導では，子供が主体的に考えたり，対話的な内容を取り入れたりして自発的な活動となるようにしている。		
5 指導と評価	①自立活動の目標と内容を理解した指導を行っている。		
	②個別指導計画に沿い，1単位時間ごとのねらいを明確にした学習活動を進めている。		
	③活動や発言等を即時適切に価値付けている。		
	④前時の評価を意識した指導となっている。		
	⑤次時につなげるよう，評価している。		
	⑥振り返りを行い，自己評価を促している。		
	⑦学んだことを学校生活全般に生かしているかどうかについて評価している。		
	⑧小集団指導では，障害特性や発達段階を考慮したグループ編成をしている。		

平成30年度

調布市 校内通級教室案内

拠点校	巡回校
調和小学校 住所　西つつじヶ丘4-22-6　電話番号　042-485-4818　教室直通　042-485-1277	若葉小学校　国領小学校
石原小学校 住所　富士見町1-37-1　電話番号　042-481-7644　教室直通　042-481-8205	第一小学校　第二小学校
柏野小学校 住所　深大寺南町1-1-1　電話番号　042-488-2861　教室直通　042-480-3771	八雲台小学校　上ノ原小学校
飛田給小学校 住所　飛田給3-29-1　電話番号　042-487-2815　教室直通　042-444-1300	第三小学校　多摩川小学校
緑ケ丘小学校 住所　緑ケ丘2-16-1　電話番号　03-3308-6166	滝坂小学校
杉森小学校 住所　染地2-25-4　電話番号　042-485-1267	染地小学校
深大寺小学校 住所　深大寺元町5-16-21　電話番号　042-485-1265	北ノ台小学校
布田小学校 住所　染地1-1-85　電話番号　042-481-7652	富士見台小学校

このようなお子さんを支援しています

　通常の学級に在籍するおおむね授業に参加でき，情緒障害，発達障害（自閉症，ADHD（注意欠陥多動性障害），LD（学習障害）等）により，一部特別な支援を必要とするお子さんを対象としています。

- 友達とのコミュニケーションがうまくとれない。
- 集団行動になじめない。
- 集中し続けることが難しい。
- 読む，書く，聞く，計算する等の中の特定の部分が極端に苦手である。
- 相手の立場になって考えることが難しい。
- 特定の物や順序にこだわってしまう。
- 新しいことや予定外のことがあると混乱してしまう。

1　校内通級教室の指導

　①コミュニケーション能力を高め，対人関係を構築する力を育成します。
　②自己の気持ちや行動をコントロールする力を高めるとともに，自己理解を深めていきます。
　③日常の学校生活を振り返るとともに，見通しをもって生活する力を養います。
　④姿勢と運動・動作の基本的技能の習得及び改善を図ります。

2 指導の実際

(1)指導内容
　校内通級教室は，一人一人の状態に応じた小集団指導や個別指導を行っています。

小集団指導	〈コミュニケーション〉 ・ロールプレイや教師の寸劇を通して，社会性を身に付ける活動 　ゲームや話し合い活動を通して身に付けた社会性のスキルを活用する活動 ・在籍校で円滑に集団生活ができるよう，人とのかかわり方の基本的なスキルやルールなどを身に付ける活動 〈運　動〉 ・姿勢と運動・動作の基本的技能，身体調整力，バランス感覚などを高める活動 ・手指の巧緻性の向上に関する活動
個別指導	①【生活の見通し・振り返り】 　在籍学級での生活を円滑に送るために見通しをもつ指導やその活動の振り返り ②【小集団学習の見通し・振り返り】 　小集団の活動を円滑に行うために見通しをもつ指導やその活動の振り返り ③【人とのかかわり】 　人とのかかわりに関する指導 ④【自己の特性の理解】 　自分の強み，弱みを理解するための指導 　困った時の対処法についての指導 ⑤【読む書く話す】 　読み書きに関する指導 ⑥【身体の動き】 　運動・動作の技能の習得や手指の巧緻性の向上に関する指導 ⑦【身辺整理】 　身辺整理に関する指導 ⑧【教科に関連した指導】 　学びに向かう姿勢や学び方，態度に関する指導

(2)指導時間　　一人当たり　週2時間程度（児童の実態に応じる）
(3)連携の取り方
　○個別指導計画及び評価
　　一人一人の課題に応じて個別指導計画を作成します。個別指導計画及び評価は，保護者に提示するとともに，在籍校にも報告します。
　○連絡ノート
　　学級，家庭，校内通級教室，それぞれの児童の様子を把握するために活用します。在籍校と通級指導教室の連絡調整を特別支援教室専門員がお手伝いします。
　○面談
　　面談を通し情報を共有し，成長の経過を確認するとともに，指導内容の検討を行います。

3 指導開始から指導終了まで

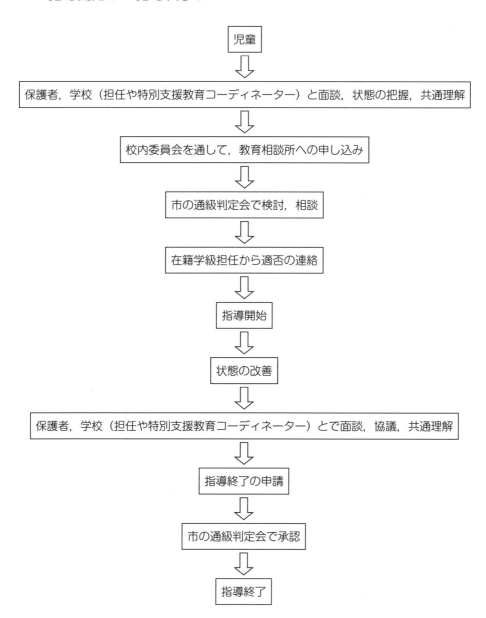

通級指導教室ガイドライン【例】

I 指導開始及び指導終了について

1 指導開始
- 児童生徒の通級指導教室の指導開始及び指導終了の判定については、「通級指導教室実施要領」に基づいて決定する。
- 通級指導教室における指導の開始が決定した場合は、所定の手続きに従い準備を行う。
- 指導開始を待つ期間が長くならないよう、学期ごとに指導開始の手続きの機会をもつようにする。

2 指導終了
- 通級指導教室における指導で、児童生徒の状態が改善され当初の目標が達成されたと考えられた場合には、専門家からの助言を参考にし、通級指導教室担当教員、学級担任、特別支援教育コーディネーター等との検討・協議を行い、本人及び保護者等との合意形成を経た上で在籍学校長が方針を確定し、通級指導教室判定会で検討・協議し決定する。
- 指導経過が良好であり、指導を終了する場合は通級指導教室判定会で検討・協議し決定する。

3 指導時数の決定
- 通級指導教室の指導の授業時数は、週当たり1時間から8時間とし、児童生徒の実態に応じて柔軟に決定する。
- 指導時数の決定に当たっては、専門家の助言を参考にし、通級指導教室担当教員、学級担任、特別支援教育コーディネーター等との検討・協議及び本人及び保護者等との合意形成を経た上で在籍学校長が決定する。

4 指導担当者の決定
- 通級指導教室の指導の開始に当たっては、児童生徒の状態等を考慮して、通級指導教室設置校の校長が担当教員を決定する。
- 児童生徒の在籍校との連絡、通級指導教室の指導に関する個別の指導計画の作成や諸記録の保管等は、通級指導教室の担当教員が責任をもって行う。
- 通級指導教室の担当教員については、児童生徒の状態に応じて年度ごとに見直し決定する。

Ⅱ 指導内容について

 1 自立活動
  ・自立活動の内容6区分（「健康の保持」「心理的な安定」「人間関係の形成」「環境の把握」「身体の動き」「コミュニケーション」）27項目の中から，児童生徒の状態に応じて必要な内容を指導する。
  ・実際の指導時間の表記を「コミュニケーション」や「○○の時間」「個別指導」とした場合は，各教科の指導や特別活動ではないことに留意する。
  ・各教科の内容を取り扱いながら行う指導については，「障害による学習上又は生活上の困難を改善し，又は克服することを目的とする指導」であることに留意する。例えば，「心理的な安定」の指導内容として，在籍学級での指導内容を先取りして指導し，在籍学級で指導を深めて自信につなげていく指導や，「環境の把握」の指導内容として，障害の状態に応じて在籍学級とは異なる指導方法や教材・教具等による各教科の内容を習得するための指導等が挙げられる。単に各教科の学習の遅れを取り戻すための指導は行わない。
 2 小集団指導と個別指導
  ・自立活動について，児童生徒の状態に応じて指導形態を工夫しながら，小集団指導や個別指導を行う。
  ・児童生徒の状態や教育的ニーズによっては，小集団指導のみの場合や個別指導のみの場合もあり得るので，柔軟な指導体制で行う。
  ・個別指導においては，授業の中で複数の児童生徒に対して，個別に課題を設定したり，個に応じた指導を行ったりすることも可能である。個別指導についても柔軟な指導形態で行う。

Ⅲ 指導日及び指導時間について

 1 指導日及び午前・午後の指導時間
  ・授業の開始と終了については，通常の学級と同様とする。
  ・午前の指導時間は，1時間目から給食終了前までの4単位時間の中で設定する。
  ・午後の指導時間は，給食終了後から午後3時30分ごろまでの2単位時間の中で設定する。

Ⅳ 校内通級教室の指導を進めるに当たって必要な諸帳簿等について
 1 教育課程届
  ・教育課程は，児童生徒の在籍校が教育委員会に提出する。また，児童生徒の在籍校で5年間保存する。
  ・関連資料は，通級指導教室が教育委員会に提出する。また，通級指導教室で5

年間保存する。
2 出席簿
・通級指導教室で３年間保存する。
3 通級指導教室で作成する個別の指導計画
・通級指導教室で５年間保存する。
・通級指導教室が在籍校と保護者等に提出する。
4 指導記録
・通級指導教室が定めたものを指導終了後１年間保存する。その際，在籍学級担任が記載する指導要録に関する内容にも考慮する。
5 評価
・個別の指導計画書に評価を記入し，在籍校と保護者等に提出する。
6 その他
・保存の年限が過ぎたものは，個人情報保護のため破棄する。

V 通級指導教室と在籍校との連携について

1 連携の内容について
① 個別の指導計画の作成と活用
・通級指導教室担当教員は，通級指導教室で作成する個別の指導計画について，年度始めや学期始めに，通級指導教室担当教員が児童生徒の在籍校に説明する。
・児童生徒の在籍校は，通級指導教室に，個別の教育支援計画や通常の学級における個別の指導計画の写しを提出する。
② 校内委員会への参加
・通級指導教室担当教員は，児童生徒の在籍校長の依頼により，児童生徒の在籍校の校内委員会に参加することができる。
③ 在籍学級の授業参観
・通級指導教室担当教員は，児童生徒の在籍学級での状態をより適切に把握したり，学級担任に助言したりするために，在籍学級における授業観察を行う。
④ 保護者面談等の参加
・通級指導教室担当教員は，児童生徒の在籍校長の依頼により，在籍学級における保護者面談等に参加することができる。
⑤ 学級担任との連携
・学級担任及び特別支援教育コーディネーター等と通級指導教室担当教員が，指導内容や方法について共通認識をもつことができるようにするため，連携を密に行う。

VI 小学校から中学校への指導内容・方法等の引継ぎについて

1 個別の指導計画等による引き継ぎについて
- 通級指導の対象となる児童が在籍する小学校は，中学校の通級指導が決定した小学校第6学年の児童について，次の資料を中学校及び中学校の通級指導教室に提出する。
  - ア 個別の教育支援計画の写し
  - イ 通常の学級における個別の指導計画の写し
- 小学校の通級指導教室は，中学校の通級指導が決定した小学校第6学年の児童に係る次の資料を，中学校及び中学校通級指導教室に提出する。
  - ア 通級指導教室で作成した個別の指導計画の写し（小学校第6学年で通級指導教室を利用した児童，またはそれ以前に通級指導を受けていた児童）

2 教員，対象生徒及び保護者等との面談による引継ぎについて
- 中学校通級指導教室担当教員は，次の者と事前に面談を実施し，引継ぎを確実に行う。
  - ア 小学校在籍学級の担任及び特別支援教育コーディネーター
  - イ 小学校通級指導教室担当教員
- 中学校通級指導教室の教員は，生徒の在籍校の学級担任及び特別支援教育コーディネーターと面談し，指導方針を共有する。

VII その他
- 通級指導教室担当教員は，通級指導教室設置校の所属職員である。校務に支障がない範囲で，通級指導教室設置校の行事や校務分掌及び校内研究に加わるようにする。
- 通級指導教室担当教員の中で，経験等を考慮し，校長が主任を決定する。主任は，通級指導教室経営のまとめ役としての役割を担う。
- 特別支援学校教諭の免許を取得していない通級指導教室担当教員については，専門性を高めるため，免許の取得に努めることが望ましい。
- 通級指導教室では，指導の更なる充実のために，特別支援教育に関する研修会やOJTの実施等により系統的な人材育成に努める。

資料7　時間割の例

平成30年度　第2学期　通級指導　時間割表

C校：拠点校　A・B校：巡回校　通級指導担当教員 7名

曜日	月							火							水							木							金						
担当教員	a	b	c	d	e	f	g	a	b	c	d	e	f	g	a	b	c	d	e	f	g	a	b	c	d	e	f	g	a	b	c	d	e	f	g
1・2校時 指導校	A校	B C校		A校					B校		A校						C校						B校		A校		C校			B C校		A校		B校
		個別		小集団・個別					小集団・個別		小集団・個別						個別		個別		個別			個別		小集団・個別		個別			個別		小集団・個別		個別
3・4校時 指導校	A校	B校		A校					B校		A校						C校						B校		B校		C校			B校		A校		A校
				小集団・個別					小集団・個別		小集団・個別		個別			個別			小集団・個別		個別			小集団・個別		個別		個別			個別		小集団・個別		小集団・個別
5・6校時 指導校		B校		C校							C校						C校								B校							A校		
	個別		個別	個別	個別	個別	個別	個別	個別	個別	個別	個別	個別	個別	個別	個別	個別	個別	個別	個別	個別	個別	個別	個別	個別	個別	個別	個別	個別	小集団・個別	個別	個別	個別	個別	個別

指導児童数

学年	1年	2年	3年	4年	5年	6年	計
A校	7	7	8	7	2	0	31
B校	4	8	5	3	4	1	25
C校（拠点校）	4	8	2	2	1	1	18
計	15	23	15	12	7	2	74

おわりに

　調布市では，平成24年度より一部の学校から少しずつ進めてきた，通級指導担当教員による特別支援教室での巡回指導が全市的に浸透し，定着してきました。自分の学校の中で通級による指導を受けることができるようになったことで，通級による指導を受ける子供はどんどん増えてきています。それに伴い，通級指導教室の担当教員数も増え，新たに担当教員になる数も増えました。当然ながら，初めて通級指導を担当する教員は，発達障害の特性や通級指導の内容，方法，在籍学級担任との連携の仕方など，日々分からないことと向き合っています。同じ教室内の教員に相談したり，参考になりそうな書籍で研究したり，自主的に研修会に参加するなど，模索しながら指導にあたっている様子を目にします。

　そこで，私たちは，通級指導担当教員として疑問に感じたり不安に思ったりすることを少しでも解決することができる本を作ることを目指し，この本の執筆にあたってきました。通級指導の担当教員となって，実際の指導や在籍学級・保護者との連携の中で感じている日々の疑問や不安の内容を実際に挙げていきながら，研究会の中で話し合いを重ね，疑問や不安を解消するための「答え」について検討しています。

　私たちは，若手教員でもベテラン教員でも，通級指導担当教員として子供たちが障害による困難を改善・克服し，少しでもよりよい生活を送ることができるようにする役割を求められています。そのためには，家庭や通級指導を受けている子供が，在籍する学級の中で楽しく過ごすことができるよう保護者や在籍学校と適切に連携を図っていくこと，その連携を生かして通級指導を充実させていくことが必要です。この本にある「答え」は一つの方法であり，地域や学校によっても様々な違いがあると思いますが，少しでも多くの先生方のご参考になれば幸いです。

　　　　　　東京都調布市立調和小学校　通級指導担当教員　蒲生花子

参考文献

- 文部科学省『特別支援学校教育要領・学習指導要領解説　自立活動編』
- 文部科学省編著『障害に応じた通級による指導の手引―解説とＱ＆Ａ』海文堂出版
- 文部科学省初等中等教育局特別支援教育課『教育支援資料～障害のある子供の就学手続と早期からの一貫した支援の充実～』
- 文部科学省『生徒指導提要』
- 東京都教育委員会『平成30年度就学相談の手引　児童・生徒一人一人の適切な就学のために（義務教育）』
- 笹森洋樹・大城政之編著『Ｑ＆Ａと先読みカレンダーで早わかり！通級指導教室運営ガイド』明治図書
- 大南英明監修　山中ともえ編著『実践！通級による指導―発達障害等のある児童のためにできること―』東洋館出版
- 月森久江編著『通級指導教室と特別支援教室の指導のアイデア　小学校編』図書文化
- 佐々木正美監修『アスペルガー症候群（高機能自閉症）のすべてがわかる本』講談社
- 笹田哲著『気になる子どものできた！が増える　体の動き指導アラカルト』中央法規
- 吉本裕子編著『〈特別支援教育〉ケースで学ぶ！保護者とのいい関係づくり』明治図書

【執筆者紹介】（2019年3月現在）

調布市立深大寺小学校
　　川合　恭子　　加山　貴央里　　佐野　雅代　　成瀬　俊之
　　早坂　貴史

調布市立石原小学校
　　片山　育男　　加藤　典子　　間宮　勇太　　渡邉　雄彦

調布市立緑ヶ丘小学校
　　宇田　圭佑　　岡本　みどり　　笹川　一喜　　島本　秀美
　　福田　美樹　　古屋　明良

調布市立杉森小学校
　　鍵谷　舞美　　中村　保彦　　古野　美佳

調布市立飛田給小学校
　　江口　あゆみ　　神山　美夢　　川上　顕志朗　　北嶋　理恵
　　後藤　欣子　　佐々木　朗　　原口　美津紀

調布市立柏野小学校
　　越智　光城　　國元　和明　　野村　千香子　　松本　ひかり
　　水落　大介　　山﨑　太司

調布市立布田小学校
　　加藤　綾　　才丸　千鶴子　　長島　卓也

調布市立調和小学校
　　折原　有美　　遠藤　雅法　　片野　遼　　蒲生　花子
　　小林　沙織　　齋藤　紀子　　竹下　由紀　　中坪　智誉

寺島　美佳（調布市教育委員会専門家チーム　作業療法士）
簗田　明教（かわばた眼科　視覚発達支援センター代表）
島　吉孝（所沢市教育委員会学校教育課　健やか輝き支援室　心理士）

【編著者紹介】
調布市特別支援教育研究部会

東京都調布市内全小学校（20校）の教員で構成されている調布市立小学校教育研究部会の一部会であり，主に，特別支援学級の教員と通級による指導を担当する教員で研究を行っている。研究授業や講演会，施設見学，中学校と連携した研修等，月に１回程度の部会を開催している。その部会の活動の一環として，本書を執筆した。

山中　ともえ（やまなか　ともえ）

東京都調布市立飛田給小学校長。青山学院大学卒業，筑波大学大学院夜間修士課程リハビリテーションコース修了。東京都公立中学校教諭，東京都教育委員会指導主事，同統括指導主事を経て現職。特別支援教育士スーパーバイザー，臨床発達心理士としての経験を生かし，全国特別支援学級設置学校長協会会長として特別支援教育の推進に努める。

〔本文イラスト〕木村美穂

特別支援教育サポートBOOKS
通級担当１年目からの疑問にこたえるＱ＆Ａ

2019年７月初版第１刷刊　Ⓒ編著者	調布市特別支援教育研究部会
2023年６月初版第３刷刊	山　中　と　も　え
発行者	藤　原　光　政
発行所	明治図書出版株式会社
	http://www.meijitosho.co.jp
	（企画）佐藤智恵（校正）粟飯原淳美
〒114-0023	東京都北区滝野川7-46-1
振替00160-5-151318	電話03(5907)6703
	ご注文窓口　電話03(5907)6668
＊検印省略	組版所　中　央　美　版

本書の無断コピーは，著作権・出版権にふれます。ご注意ください。

Printed in Japan　　　　　ISBN978-4-18-307920-6
もれなくクーポンがもらえる！読者アンケートはこちらから→

小学校 特別支援教育 指導スキル大全

中尾 繁樹 編著

2,100円＋税・Ａ５判・176頁・図書番号 3936

便利過ぎて手放せない！
授業での支援をすべてカバー

基本の学習環境、指示・説明・学習ルール、学習の調整、各教科での支援や外国語、道徳、総合的な学習、特活での配慮等サポート力アップのための必須スキルを80本収録。指導に困ったときも、ステップアップしたいときも、今欲しい情報がすべて詰まった１冊です！

支援力アップのための必須スキルを 80本収録！

基本の学習環境
学習に参加しやすい「刺激量の調整」スキル

指示・説明・学習ルール
全体指導のための指示・説明の８原則スキル

学習の調整
学習へ向かう力を付けるすきま時間活用スキル

国 語
作文が苦手な子も進んで書ける学級文集作成スキル

社 会
達成感を味わえる授業をパーツで組み立てるスキル

算 数
等分除と包含除の違いが分かるネーミングスキル

理 科
子どもの観察する力を引き出せる観察指導スキル

生 活
スモールステップで楽しく飼育・栽培活動ができるスキル

音 楽
恥ずかしい気持ちが消えるほぐして声を出すスキル

図画工作
不器用な子も絵の具の使い方が身に付く指導スキル

体 育
戦術学習がうまくいくホワイトボード活用スキル

外国語・外国語活動
アルファベットの形を体で表すＡＢＣ体操スキル

道 徳
気持ちが理解しやすい感情曲線活用スキル

総合的な学習の時間
協同学習が苦手な子も参加しやすい地域人材活用スキル

特別活動
自己表出が苦手な子も活動できる児童会活動スキル

…ほか全80スキル掲載

明治図書　携帯・スマートフォンからは **明治図書 ONLINE へ** 書籍の検索、注文ができます。▶▶▶

http://www.meijitosho.co.jp　＊併記４桁の図書番号（英数字）でHP、携帯での検索・注文が簡単に行えます。

〒114-0023　東京都北区滝野川7-46-1　ご注文窓口　TEL 03-5907-6668　FAX 050-3156-2790